左小文和戴星儿遇到了两只精灵，在它们的影响下，两个人的作文水平突飞猛进。与此同时，精灵们在校园里惹出了不少麻烦……

著者

毛小懋，儿童文学作家，儿童期刊执行主编。已出版《嘻哈别字岛》《时光男孩米小扬》《标点符号总动员》《最三国作文》等作品数十部，曾获桂冠童书奖。

绘者

三羊，本名彭洋，英国爱丁堡艺术学院动画硕士。出版儿童绘本《兵马俑的秘密》《我走进了名画里》，版权输出到英国、新加坡、菲律宾；为《自控力童话》《辫子姐姐成长123》《小诗词》等系列童书创作插图；出版绘本日记《宝贝，当你在妈妈肚子里》。

作文精灵

Composition Fairies

书包里的秘密〈下〉

- 著 毛小懋
- 绘 三 羊

云南出版集团　YNK 云南科技出版社

· 昆明 ·

主要出场角色

左小文

    七星镇小学有名的调皮鬼，聪明机灵，但学习成绩一般，态度也不够积极。在写作方面，更是让老师头疼。后来，在青芽精灵的帮助下，他逐渐开窍，最终爱上写作文。

戴星儿

    左小文的同桌，时而文静内敛，时而活泼开朗。她的写作水平在班里属于中等，作文中常有奇思妙想。认识紫月精灵后，她的写作水平飞快提升。

冯歌德

    左小文的死党，知识渊博，是班里写作水平较高的几名同学之一。他的宠物黑豆精灵，不但没给他帮上什么忙，反而惹了不少麻烦。

青芽精灵

    左小文的宠物，骑鲸而来，古灵精怪，有时胆大包天，有时胆小如鼠。因为偷窥过精灵岛上的秘籍，它掌握了大量作文技法。它的缺点是好为人师，而且讲话唠叨。

紫月精灵

戴星儿的宠物，从天而降，冰雪聪明，关键时刻总能奋不顾身。它和青芽精灵带着无数写作绝招，逃出精灵岛，来到七星镇。它讲起作文技巧，同样唠唠叨叨。

黑豆精灵

青芽精灵的伙伴，忠诚而憨厚，但经常惹是生非。它一直守候在精灵岛上，并在青芽和紫月陷入绝境时挺身而出。

精灵王

精灵岛的统治者，冷酷暴虐，令人望而生畏。因为青芽和紫月公然叛逃，它率领四大护法出海追捕。

精灵隐士

精灵王的同门师兄，被精灵王夺走王位后，隐居在无影城中。它一直关注着精灵岛上的一举一动，只要听到精灵们的召唤，它就会在月光中现身相救。

笨笨老师

七星镇小学的语文老师，精通作文技巧，讲课风趣，深受学生们的喜爱。他自称"笨笨老师"，其实大智若愚。据说，他与精灵王有千丝万缕的联系……

目录

第六章

我们班的女生

语言描写的技巧

课堂上，同学们本来都有些无精打采的，一听说要做游戏，纷纷提起精神，望向笨笨老师。笨笨老师随手一指："杜子腾、朱可戒，到讲台上来。"

　　杜子腾和朱可戒是坐在墙角的一对同桌，两个人站起来，快步走上讲台。笨笨老师先让朱可戒面朝黑板站着，然后对杜子腾说："现在请你运用我们刚才讲的描写技巧，口头描述一个同学的外貌，让朱可戒来猜一猜你说的到底是谁。"

　　杜子腾点点头，伸长脖子在班里扫视一圈，慢条斯理地说："他的脑袋圆滚滚的，鼻子有点长，两个鼻孔特别大。当然，他浑身上下最引人注目的是一个大肚子。平日里，他能吃能睡，不管干什么都懒洋洋的……"

　　同学们面面相觑，都不知道杜子腾描述的是谁。朱可戒看着黑板，犹豫地说："你说的是猪八戒吧？"

　　杜子腾摇摇头："不是猪八戒，我说的是咱们班的同学。"

　　朱可戒挠着脑门思索半天，无奈地说："猜不出来。"杜子腾转头看着朱可戒，突然捂住嘴巴大笑起来："朱可戒，我描述的就是你啊！你可真够笨的，连自己都猜不出来……"

朱可戒歪着脑袋，猛地反应过来："你……你居然拐着弯骂我是猪八戒！"

笨笨老师连忙过来打圆场："杜子腾同学描述的其实不太准确。朱可戒的脑袋、鼻子比较大，肚子鼓鼓的挺可爱，但那些不是他的主要特征。我前面说过，描写一个人，只有把他与众不同的地方写出来，别人才能知道你写的是谁。好，我再请一组同学上来——左小文、戴星儿！"

两个人走上讲台，戴星儿面朝黑板，左小文来描述。

他刚要开口，笨笨老师提醒道："描述的时候，最好能运用一些形容词和修辞手法。"

左小文心领神会，大声说："她是一名女生，中等个头，喜欢穿花裙子，整天就像一只花蝴蝶。今天她穿的连衣裙花极了，让她看上去像一棵行走的圣诞树……"

全班同学哈哈大笑，戴星儿笑嘻嘻地说："我

3

知道你说的是敬一静，她今天穿的新裙子确实挺花的。不过，你的比喻也太夸张了……"

"夸张吗？好吧，我重新描述！"左小文眼珠一转，"她是一个非常漂亮的女生，红红的脸蛋像苹果，两只大大的眼睛像两粒黑葡萄，长长的头发像春天的杨柳，她出现在校园里，就像天上的仙子坠落凡间……"

"拜托，你描述的是咱们班同学吗？"戴星儿皱着眉头说，"听起来，你描写的好像是月宫里的嫦娥。"

"我描述的是正宗的人类！"左小文大手一挥，"她就是咱们班最特别的女生罗美萝！"

教室里一片哗然。女生们显然都不服气，窃窃私语起来；男生们却有些兴奋，纷纷看向罗美萝。就在这时，下课铃响了，笨笨老师拍拍手说："大家休息一下，下节课咱们接着讲人物描写。"

左小文昂首阔步地走回座位。他能清楚地感觉到，在全班女生看向他的目光中，有两道是明显与众不同的。其中，一道目光来自敬一静，里面充满

愤怒；另一道目光则来自罗美萝，里面饱含喜悦与感激。

课间十分钟，教室里有些嘈杂。左小文低头朝桌洞里望去，发现青芽精灵变得更胖了，就像一只被挤扁的氢气球。紫月精灵也变胖不少，它坐在一堆包装袋里，一边继续吃零食，一边笑眯眯地打量着肥头大耳的青芽精灵。

"你们不想出去逛逛吗？"左小文低声问。

"当然想。"两个精灵异口同声地说完，分别打出一个响亮的饱嗝，"可是我们太胖了，根本就出不去……"

"你们不是会变身吗？可以变成项链和戒指嘛。"左小文提醒道。

"对呀！"青芽精灵艰难地扭动着身躯，"我先变吧。"说完，它努力把身子蜷缩起来，胖胖的脸蛋憋得通红。

很快，只听一声闷响，左小文的桌洞里真的冒出一条绿油油的项链，不过，它的链条比缰绳还要粗，上面的嫩芽挂件几乎像羽毛球拍一样大，简直可以拿来当兵器。

左小文连忙摆摆手："小青，你还是变回去吧。"

紫月精灵说："要不我试试变成戒指？"

"算了，我可不想看见你变成一个呼啦圈。"左小文说着，把两个精灵用力推进桌洞，"你们就在里面玩吧，慢慢消化。如果你们不想在里面住一辈子，就别再吃零食了……"

上课铃响了，笨笨老师走上讲台，不紧不慢地说："上节课我们讲的是外貌描写，看来大家都掌握了，那我们就接着讲语言描写。*语言描写是对人物对话和独白的描写。对话可以是两个人在一起聊天，也可以是几个人的交谈；至于独白，它反映的是人物的内心活动。*"

左小文趴在课桌上，听着笨笨老师的讲课声，眼皮偷偷打起架来。

"*语言描写分为两种，一种是直接描写，另一种是间接描写。*"笨笨老师接着讲，"*直接描写很简单，就是把人物的对话或独白直接写出来。*冯歌德，你来给大家举一个例子吧。"

9

  冯歌德站起来，随口说道："那天晚上，爸爸语重心长地对我说：'千万不要骄傲。当年我就是因为过于骄傲，才错失一个绝佳的机会。'"

  笨笨老师微微一笑，继续往下讲："与直接描写相反，间接描写指的是采用叙述的方式间接描写人物的对话。在叙述的过程当中，人称和标点通常会发生变化。冯歌德，你能把你刚才造的句子改成间接描写吗？"

"当然可以。"冯歌德的脑筋转得飞快，"那天晚上，爸爸语重心长地告诉我，千万不要骄傲，当年他就是因为过于骄傲，才错失一个绝佳的机会。"

"很好。其实我知道，同学们平时写作文的时候，使用语言描写已经比较熟练。不过，还是存在一些问题。在我看来，你们应当注意三点。"笨笨老师说，"第一点，语言描写宜短不宜长，千万不要啰唆。有些同学进行语言描写的时候，喜欢让人物说大段大段的话，读着特别费劲。所以，你们要学会对语言进行加工，把重要的语句提炼出来。换句话说，就是要让你们笔下的对话简洁精炼，详略得当。"

"说真的，笨笨老师，我觉得您说话就挺啰唆的，一张嘴就是大段大段的话。"左小文清醒过来，坏笑着说。

"你说得对，我接受批评。"笨笨老师看上去一点也不生气，"第二点，不同的人说话有不同的特点，而不同的话语能体现出不同的身份、职业和性格特征。简言之，就是什么样的人讲什么样的话。所以，我们描写语言的时候，要抓住每个人说的最具特色的话……"

"老师，您的意思是不是见人说人话，见鬼说鬼话？"杜子腾插话道。

"当然不是。不过，如果你描写人的时候能让人说人话，描写鬼的时候能让鬼说鬼话，那就说明你的语言描写功力已经炉火纯青了。"笨笨老师挑挑眉毛，接着说，"第三点，为了使你们的描写更加生动，可以灵活使用不同的表达形式。比如结合表情或动作来描写语言；再比如，用好标点和提示语。下面，我要请四个同学上台来写四个不同的句子……"

说完，笨笨老师开始点名。不久，在他的指点下，四个同学写的句子出现在黑板上：

那个阿姨伸出两根手指，不耐烦地说："一斤葱卖两块钱。"

"外面下雪了，你们出门的时候记得戴帽子！"妈妈一边在厨房里忙碌，一边大声喊。

"不会吧?"我忍不住嘲笑道,"难道你哥哥是傻瓜吗?"

"咦,看门的黄大爷来了!快跑啊!"

笨笨老师背着手站在黑板前,总结道:"上面的四个句子是语言描写的四种表达形式。第一个句子的提示语在前面,第二个句子的提示语在后面,第三个句子的提示语在人物说的话中间,而第四个句子把提示语省略掉了。"

说完,笨笨老师面向全班同学,微笑着说:"接下来,我们再玩一个小游戏!"

语言描写既包括人物的对话,也包括内心独白。阅读下面的选文,看一看它们都运用了哪些语言描写的技巧。

一语未了,只听后院中有人笑声,说:"我来迟了,不曾迎接远客!"

黛玉纳罕道:"这些人个个皆敛声屏气,恭肃严整如此,这来者系谁,这样放诞无礼?"心下想时,只见一群媳妇丫鬟围拥着一个人从后房门进来。(曹雪芹《红楼梦》)

他(祥子)什么也不知道了,只茫茫地觉得心有点热气,耳边有一片雨声。他要把车放下,但不知放在哪里好。想跑,水裹住他的腿。他就那么半死半活地,低着头一步一步地往前拽。坐车的仿佛死在了车上,一声不出地任凭车夫在水里挣命。

雨小了些,祥子微微直了直脊背,吐出一口气:"先生,避避再走吧!"

"快走!你把我扔在这儿算怎么回事?"坐车的跺着脚喊。
(老舍《骆驼祥子》)

皮皮敲城门。

"开城门,开城门!"他叫。

那位国王正要睡下,听见敲城门,就皱起眉毛来:"这么半夜还来敲门!谁呀?"

"我!"

国王没有法子,只好起来开城门。国王年纪很老了,很长很长的白胡子拖到了地上,走路走得一不留心,他就会绊住自己的胡子摔跤。这时候,国王手里拿一支蜡烛,慢慢地走到城门口,"吧嗒"就摔了一跤,蜡烛也熄了。

"哎哟!"国王哭起来。

皮皮等得不耐烦了,叫道:"啧啧!你这个国王!为什么还不来开门呀?"

"好,就来就来。等我把蜡烛点上。唉,真麻烦!"

一小时以后,国王开了城门。
(张天翼《大林和小林》)

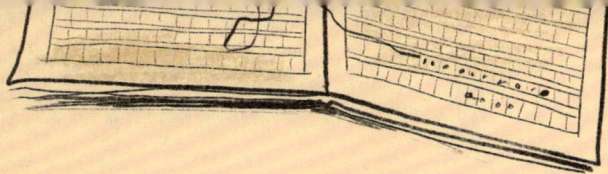

"嗯！不错……"奥楚蔑洛夫严厉地说，咳了一声，拧起眉头，"这是谁家的狗？我绝不轻易放过这件事！我要拿点颜色出来给那些放出狗来到处乱跑的人看看。那些老爷既然不愿意遵守法令，现在就得管管他们。等他受了罚，拿出钱来，他才会知道放出这种狗来会有什么下场。我要好好地教训他一顿！叶尔德林，"警官对巡警说，"去调查一下这是谁的狗，打个报告上来！这条狗呢，把它弄死好了。马上去办，别拖！请问，这到底是谁家的狗？"（［俄］契诃夫《变色龙》，汝龙译）

朱克曼太太脸上露出困惑不解的神情。"霍默·朱克曼，你到底在说什么啊？"她说。

"这是一件非常严重的事，伊迪丝，我们的小猪根本不是一只普通的猪！"

"这小猪有什么不寻常？"朱克曼太太问，她刚从惊吓中恢复过来。

"这个嘛，我还没有真正弄明白。"朱克曼先生说，"不过我们已经得到一个信号，一个神秘的信号。一个奇迹已经出现，一个信号已经降临人间，就降临在这里，就降临在我们的农场——我们有一只非比寻常的猪！"（［美］E.B.怀特《夏洛的网》，任溶溶译）

"有一天，"你说，"我看了四十四次日落！"

过了片刻你又说：

"你知道吗？人在难过的时候就会爱上日落。"

"在你看了四十四次日落那天，你很难过吗？"

但小王子没有回答。（［法］圣-埃克苏佩里《小王子》，李继宏译）

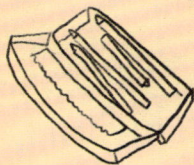

第七章

课堂上的武侠小说

行动描写的技巧

同学们既惊讶又兴奋地看向笨笨老师。笨笨老师脸上挂着神秘的微笑，在黑板上写道：

　　　"你终于来了。"
　　　"嗯。"
　　　"真的是你干的吗？"
　　　"我……"
　　　"说实话。"
　　　"是的。"
　　　"好得很！"

　　大家都有些摸不着头脑。笨笨老师把粉笔丢到讲桌上，转身说道："大家说说看，我写的人物对话水平如何？"

　　左小文抢着说："非常单调，而且不知道到底是谁说的话。"

　　"说对了。"笨笨老师点点头，"我前面讲过，要想使语言描写生动形象，最好添加相应的表情、动作和提示语。下面我就请几个同学上台来，给我的文字补充一些内容，增强对话的表达效果。薛鹰羽，你先来。"

男生薛鹰羽走上讲台，磨蹭半天，终于补充完毕：

班主任盯着姗姗来迟的董小军，冷冷地说："你终于来了！"

董小军用蚊子哼哼一样的声音说："嗯。"

"真的是你干的吗？"班主任指着满地的碎玻璃，语气变得更加严厉。

"我……"董小军欲言又止。

"说实话！"班主任喝道。

董小军低声叹一口气，垂头丧气地说："是的。"

"好得很！"班主任猛地一拍桌子，吓得全班同学浑身一哆嗦。

董小军像只斗败的公鸡，低着头站在班主任面前。他知道，明天肯定又得叫家长了。

笨笨老师看完，高兴地说："薛鹰羽同学的语言功底非常好，经过他的补充，我的对话变得生动多了。下面我再请一个同学上来试一试。敬一静！"

女生敬一静穿着一件花团锦簇的连衣裙，慢慢走到黑板前，不假思索地补充起来：

"你终于来了。"沈红对杜小梅说。

"嗯。"杜小梅看上去有些激动，脸蛋儿微微泛红。

"真的是你干的吗？"沈红朝她挤挤眼睛。

杜小梅挠挠头，似乎挺不好意思的："我……"

沈红拍拍她的肩膀，鼓励道："说实话。"

"是的。"杜小梅用力地点点头。

"好得很！"沈红的脸上瞬间布满喜悦，她由衷地为杜小梅感到高兴。

就在两个女生聊天的时候，年迈的佟

老师捧着一束花坐在家门口，面带阳光般的微笑。佟老师的儿子已经去世了，但最近几年，每到母亲节，她都会收到一束美丽的康乃馨……

"敬一静同学补充的内容，为我的文字带来一股全新的生命力！实在太棒了！"笨笨老师赞不绝口，"接下来，我请第三个同学上台。柳逐阳！"

男生柳逐阳是有名的武侠迷。他像古代的侠士一样，迈着大步走上台，捏着粉笔像举着一把暗器，在黑板上龙飞凤舞地写起来：

秋日西斜，两个剑客如同两尊泥塑，伫立在夕阳中。

沉默，良久的沉默。

"你终于来了。"老者首先打破旷野的寂寥。

"嗯。"少年目视前方。

老者凌厉的目光盯着少年的眼睛："真

的是你干的吗?"

少年似乎有些犹豫:"我……"

周围依旧寂静，死一样的寂静。

"说实话。"老者的声音异常冰冷，一如他的内心。

"是的。"少年的身体微微一颤。

"好得很!"话音未落,老者抽剑在手,闪电一样刺向少年。少年眼中闪过一丝慌乱。陡然间，风沙四起，夹杂着兵刃交击之声。

很快，风停沙落。两个剑客依旧如同两尊泥塑，伫立在夕阳中。

旷野的沉默，令人窒息。

只听一声轻响，老者的长剑落下来。接着,他像一座瞬间坍塌的宝塔,轰然倒地。少年长叹一声,拍拍身上的尘土,扬长而去。

整个世界清静了。

柳逐阳写完，转过身来，发现教室里一片死寂。

所有人都张大嘴巴望着他，如同一尊尊泥塑。笨笨老师首先打破沉默，咧嘴一笑："我只能说，咱们班真是卧虎藏龙啊！柳逐阳用他的精彩文笔给我们带来一股武侠风，值得鼓励。"

柳逐阳得意地挑挑剑眉。接着，笨笨老师话锋一转："不过，你整天埋头看武侠小说的行为，并不值得鼓励。"柳逐阳耸耸肩，大步流星地走回自己的座位。

"看完前面三个同学补充的内容，同学们有什么想说的？"笨笨老师问。

"由此可见，神情、语气和动作描写对语言描写来说非常重要！"冯歌德举手道，"同样的一段对话，如果添加不同的神情、语气和动作，表达的意思可能就完全不同。"

"说得好！下节课，我就给大家讲讲动作描写，也就是行动描写。"笨笨老师一边收拾讲义一边宣布，"明天早晨八点半，大家就在校门外的七星广场上集合吧！"

"为什么在广场上集合？"同学们奇怪地问。

"因为，我要在那里给大家上一堂别开生面的作文课。"笨笨老师拿起讲义走到门口，笑着说，"哪个同学家里有风筝，也可以带到广场上，大家一起放风筝。好，下课！"

时间过得真快，不知不觉放学了。左小文和戴星儿不约而同地往桌洞里看去，发现两个精灵已经不再像上午那样庞大了，不过仍然像两只胖嘟嘟的充气玩具。

左小文把青芽精灵拉出来，费力地塞进书包，刚要背到背上，就听见身后传来一声惊喜的大叫："嘿！左小文，那是你带来的风筝吗？"

"什么风筝？"左小文扭头一看，说话的是坐在最后一排的潘高峰。

"你装在书包里的不就是只风筝吗？"潘高峰走过来，毫不客气地拉开左小文的书包，把青芽精灵抓到手里，笑着说，"还是只充气风筝呢！咦，你瞧它的眼睛，好像还会转呢，就跟活的似的……"

左小文赶紧把青芽精灵抢回来，装进书包，紧紧抱在怀里。潘高峰撇撇嘴："不就是个风筝嘛，

真小气！"他不屑地歪过头去，快步走掉了。

戴星儿伸手拍拍左小文的书包，凑过去笑嘻嘻地说："小青，表现不错，明天还要麻烦你继续扮演风筝哟……"

晚上回到家，左小文把青芽精灵摆在书桌上，埋头写起作业来。青芽精灵跷着二郎腿坐在一本词典上，觉得很无聊，于是没话找话："小文，你知道老师明天会讲什么吗？"

左小文一边写字一边摇头："不知道。"

"嘿嘿，我知道。你想不想听？"

"不想听。"

"我知道你嘴上说不想听，其实心里特别想听。"青芽精灵搓搓手，大声讲起来，"明天老师会讲行动描写。你知道什么是行动描写吗？人的行为和动作，合称行动。行动描写就是通过描写人物个性化的行为和动作，来揭示人物性格的一种描写方法。"

左小文连连点头，铅笔仍然在作业本上飞快地写着。

"行动描写有三种常用的方法，我可以给你简单讲一下。"青芽精灵接着说，"第一种，分解动作法。具体来说，就是通过仔细观察，把一种行为拆解成许多小动作，然后按照顺序把那些小动作连续不断地描写下来。所以，行动描写的第一个关键词就是连贯。"

"原来如此。"左小文托着腮帮子，若有所思地说。

"第二种，精选动词法。要想写好人物的动作，必须抓住细节。而要想把细节写到位，就应该抓住最重要的动作，然后运用最准确的动词去描写它。由此可见，行动描写的第二个关键词是准确。"青芽精灵站在桌子上，讲得唾沫横飞。

"嗯，非常对！"左小文喜滋滋地说，"你不口渴吗？"

"嘻嘻，谢谢夸奖。第三种，综合描写法。在写作的时候，把行动描写与人物的外貌、语言、心理描写结合起来，表达的内容才是最全面的。因此，第三个关键词是全面。"

"太好了！"左小文把作业本丢到一旁，站起来伸一个懒腰，"数学作业终于写完了！"

"数……数学作业？"青芽精灵的眼珠子瞪得大大的。

"是啊！"左小文咧嘴一笑，"对了，你刚才在唠唠叨叨地说什么呢？"

青芽精灵耸耸肩，跳到旁边的小床上，拉过一条被子盖住自己，幽幽地说："我睡了，晚安。"

精灵文摘

　　行动描写，就是通过描写人物的行为和动作来揭示人物性格。读一读，看看下面的选文都运用了哪些行动描写的技巧，试着圈出其中的关键动词。

　　范进不看便罢，看了一遍，又念了一遍，自己把两手拍了一下，笑了一声道："噫！好了！我中了！"说着，往后一交跌倒，牙关咬紧，不省人事。老太太慌了，慌将几口开水灌了过来。他爬将起来，又拍着手大笑道："噫！好！我中了！"笑着，不由分说，就往门外飞跑，把报录人和邻居都吓了一跳。（吴敬梓《儒林外史》）

　　那野人喝了酒，又听见自己已经遇救，不觉精神为之一振，居然在船上坐了起来。不料，星期五一听见他说话，把他的脸一看，立刻又是吻他，又是拥抱他，又是大哭，又是大笑，又是叫唤，一个劲儿地乱跳乱舞，大声歌唱，接着又是大哭，又是扭自己的两手，又是打自己的脸和头，然后又是唱，又是乱跳，活像发了疯似的。那种样子，任何人看了都要感动得流泪。（［英］笛福《鲁

滨孙漂流记》，徐霞村译）

　　她抓住叉子，手抖得如此厉害，以至于刀叉又掉了下来。饥饿掐住她，使她的头像老人那样乱摇。她只好用手指抓着吃。第一块土豆塞进嘴后，她大哭起来。大颗泪珠顺着面颊往下流，落在面包上。她一直吃着，狼吞虎咽地大吃被泪水打湿的面包，同时喘息得很厉害，下巴痉挛着。（［法］左拉《小酒店》，张成柱译）

　　他拿到饭后，马上就开始吃，吃得很快，喉结一缩一缩的，脸上绷满了筋。常常突然停下来，很小心地将嘴边或下巴上的饭粒儿和汤水油花儿用整个食指抹进嘴里。若饭粒儿落在衣服上，就马上一按，拈进嘴里。若一个没按住，饭粒儿由衣服上掉下地，他立刻双脚不再移动，转了上身找。这时候他若碰上我的目光，就放慢速度。吃完以后，他把两

支筷子吮净，拿水把饭盒冲满，先将上面一层油花吸净，然后就带着安全到达彼岸的神色小口小口地呷。（阿城《棋王》）

牺牲？我的晓霞……

孙少平一下把右手的四个指头塞进嘴巴，用牙狠狠咬着，脸可怕地抽搐成一种怪模样。洪水扑灭了那几行字，巨浪排山倒海般向眼前涌来……

他收起自动伞，在大雨中奔向二级平台的铁道。他疯狂地越过选煤楼，沿着铁路向东面奔跑。他任凭雨水在头上脸上身上漫流，两条腿一直狂奔不已。

他一直奔跑到心力衰竭，然后倒在了铁道旁的一个泥水洼里。东面驶来的一辆运煤车在风雨中喷吐着白雾，车头如小山一般急速奔涌而过——他几乎和汽笛的轰鸣同时发出了一声长嚎……（路遥《平凡的世界》）

"……比如说听写的时候，她先打开书桌的盖子，取出笔记本，然后立刻啪嗒一声关上盖子。接着，马上又打开盖子，把头钻进去，从文具盒里取出铅笔来，匆匆关上盖子，写了一个a字。可能写得不好，或者写错了吧，只见她又打开书桌的盖子，再次把头钻进去，找出橡皮，关上盖子，飞快地擦起来。又匆匆地打开盖子，把橡皮放进去，再把盖子关上。接着，她又把盖子打开，原来她只写了一个a字，就把文具一样样全放回书桌里面。先放回铅笔，关上盖子，再放回笔记本，再关上盖子……"（［日］黑柳彻子《窗边的小豆豆》，赵玉皎译）

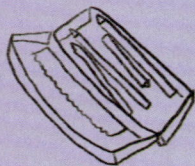

第八章

青芽精灵
大战孙悟空

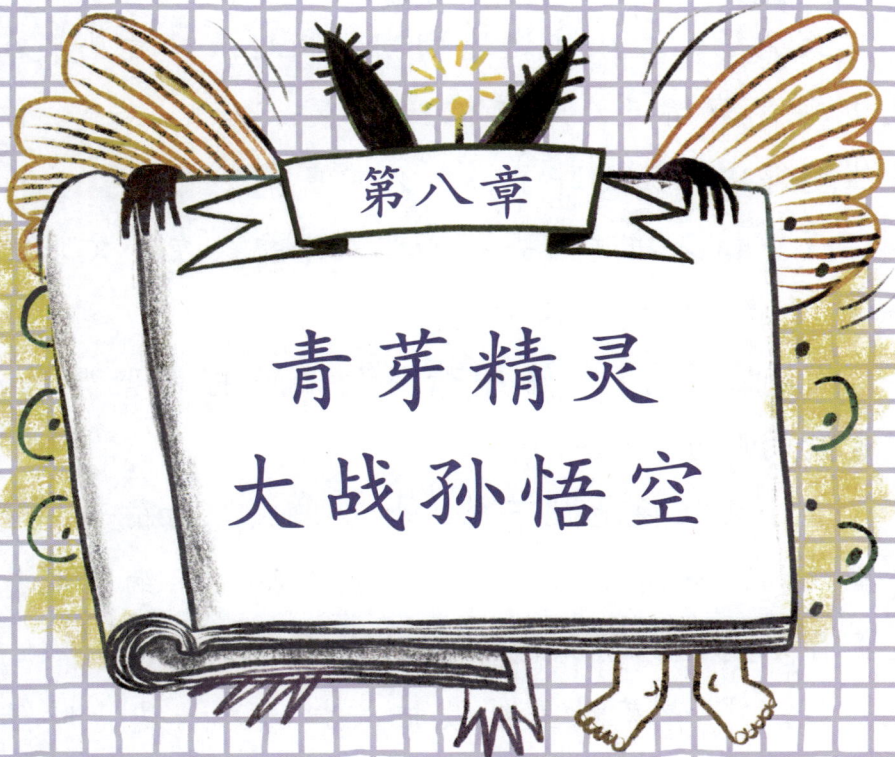

心理描写的技巧

天亮了，左小文迷迷糊糊地爬起来，看见躺在枕边的青芽精灵，不禁惊叫一声："哇！你……你居然变得比昨天更胖了，怎么回事？"

青芽精灵扭过头去，不理左小文。左小文眼珠一转："你偷吃我的零食了？"

"当然没有！"青芽精灵的眉头拧得紧紧的，鼓囊囊的肚子一起一伏。

左小文飞快地跳下床，打开床底下的箱子，发现里面的零食都完好无损。他歪着脑袋，纳闷地打量着青芽精灵，猜测道："难道你是气的？"

"哼！"青芽精灵继续把头扭向另一边，脖子都快扭成麻花了。

"我的天，就因为我昨天晚上不听你讲作文，你就把自己气成一只气球？"左小文差点笑出声来，"你可真是小气鬼啊！"

"你不听我讲作文并不是重点，重点是你忽视我的存在，尤其是你的态度！"青芽精灵转头望着左小文，"你瞧你现在嬉皮笑脸的样子，简直讨厌死了！"

左小文强忍住笑，一本正经地说："好，我向你道歉。我不该忽视你，更不该嘲笑你。"

青芽精灵傲慢地昂着头："我要考虑一下是不是接受你的道歉……"

"小青，不要生气了。"左小文拍着它的肩膀说，"我们上学要迟到了。"

"我不想再陪你去学校了，整天躲在桌洞里，一点意思也没有。"

"今天不去学校，我带你去校门口的广场上放风筝。小青，你想不想像风筝一样在天上飞来飞去？"左小文笑眯眯地说，"你现在气鼓鼓的样子，特别像一只充气风筝。"

"放风筝？"青芽精灵的好奇心被勾起来了，"真的很好玩吗？"

左小文一把抓起青芽精灵，把它塞进书包，边走边说："绝对好玩，我向你保证！"

七星广场是一座非常古老的广场，据说它的历史可以追溯到唐朝初年。笨笨老师说过，广场上的每一个角落，都曾经留下过唐代诗人们的脚印。

现在太阳刚刚升起，同学们就已经在广场上集

合完毕。几乎每个同学的手上都拿着一只风筝，既有蜻蜓风筝，也有蝴蝶风筝，还有金鱼风筝，潘高峰带来的甚至是一只活灵活现的孙悟空风筝。不过，最引人注目的当然还是左小文手里的青芽精灵。

"左小文，你带来的风筝还挺别致的。"笨笨老师忍不住说。

"就是！左小文的风筝简直像是从动画片里跑出来的。"杜子腾凑过来，掐掐青芽精灵的鼻子，"它的鼻子就像狗鼻子一样，摸着软绵绵的。你们快来摸摸啊！"

同学们纷纷跑过来，七手八脚地摸向青芽精灵。青芽精灵瞪着两只大眼睛，被大家摸得鼻子一阵阵发痒，差点打出喷嚏来。

左小文连忙把它搂在怀里，像护犊子一样大叫道："别乱摸，摸坏了你们赔得起吗？"

笨笨老师走上前来，拍拍手说："同学们，现在开始放风筝吧！"

同学们欢呼着，忙不迭地拿起自己的风筝，跑到旁边的草坪上放起来。

遗憾的是，今天的风有点小，很多同学的风筝刚飞上天，就垂头丧气地飘落下来。只有潘高峰的孙悟空风筝，就像真的孙悟空一样，轻轻松松地冲上蓝天，引来无数惊叹。

潘高峰得意扬扬地抓着风筝线，整张脸都快笑成一朵花了。

冯歌德和戴星儿走到左小文身旁，低声说："快让青芽精灵上场吧。"

左小文点点头，拍拍青芽精灵的脑门，对它耳语道："好兄弟，到你大显神威的时候了。我把你放上天，你敢跟那个孙悟空斗一斗吗？"

"孙悟空是谁？"青芽精灵问。

"孙悟空号称齐天大圣，是神话里的超级英雄。如果把他打败，你就能名垂千古了！"左小文说完，牵着绑在青芽精灵腰上的线，朝草坪跑去。在冯歌德的帮助下，他很快就把青芽精灵放上天空。

同学们抬头向天上望去，都非常兴奋。只见青芽精灵越飞越高，眼看就要碰上潘高峰的孙悟空风筝了。潘高峰有些焦躁，急忙一拽风筝线，空中的孙悟空立刻转过身，抡起金箍棒朝青芽精灵打去。青芽精灵当然不是吃素的，它借着微风避开孙悟空的进攻，然后趁机一跃而起，猛地一脚飞踹，正中孙悟空的面门。

　　因为隔得太远，同学们只能看见青芽精灵和孙悟空风筝紧紧纠缠在一起。接下来，就见那个不可一世的孙悟空从空中直坠下来，重重地落在地上。

所有人都愣住了，紧接着，草坪上响起一阵热烈的掌声，所有人都在为青芽精灵欢呼。潘高峰俯身捡起孙悟空风筝，看上去一脸的茫然。

笨笨老师微微一笑，大声说："同学们，现在咱们就一边看风筝，一边学作文。今天我要讲的是行动描写。所谓行动，就是行为和动作的总称。有同学可能会问，行为和动作到底有什么区别呢？简单来说，行为指的是人物在做什么，而动作指的是人物是怎样做的……"

笨笨老师滔滔不绝地往下讲着，虽然昨天晚上左小文并没有仔细听青芽精灵说的话，但他还是惊奇地发现，笨笨老师讲的内容听起来很耳熟，好像都是青芽讲过的。事实的确如此。笨笨老师也提到分解动作法、精选动词法和综合描写法，并总结道："行动描写有五个关键词，分别是连贯、准确、全面、独特、形象。现在，我就请几个同学来举一下例子。冯歌德，你先来！"

冯歌德看着草坪上一个放风筝的男孩，慢慢地说："他迎着风把风筝往空中一送，接着快跑几步，风筝果然飞起来了。然后，他一边跑一边放线，还不时地拽拽风筝线，那只风筝就越飞越高。他正要欢呼，却看见风筝在天上一阵挣扎，最后急转直下，一头扎到地上。"

"你的动作描写比较连贯，使用的几个动词也十分准确。可以说，你已经基本掌握分解动作法和精选动词法。"笨笨老师非常满意，"薛鹰羽，你也来举一个例子吧。"

薛鹰羽似乎早有准备，不假思索地大声说："广场边有一个两鬓斑白的老人，他的脸上布满皱纹，脸皮就像松树皮一样干枯。他蹲在路沿上，左手捧着瓷碗，右手抓着筷子，慢慢挑起几根面条送到嘴里，悄无声息地咀嚼着。忽然，一条狗跑到他的脚旁，低头嗅来嗅去。他呵斥一声：'臭狗，给我闪一边去！'接着挥舞几下筷子，把狗赶跑了。"

薛鹰羽话音刚落，同学们就哈哈大笑起来。笨笨老师笑着说："你观察人物比较仔细，值得表扬。不过更值得表扬的是，你出色地运用综合描写法，把动作描写与外貌、语言描写结合在一起，非常棒！"

就在此时，那条被老人赶走的流浪狗跑过来，仰头盯着笨笨老师，似乎也在听讲。大家再次笑得前仰后合。

笨笨老师继续讲道："此外，我们描写动作的时候，还要注意独特和形象两个关键词。不同的人，行为和动作肯定不一样，所以我们选取的动作要符合人物的性格特征。只有抓住与众不同的动作，才有可能把人物描写得生动形象，令人过目难忘。"

说完，他让同学们在草地上坐下来："行动描写讲完了，我们接着讲一下心理描写吧。大家先来说说，心理描写通常有哪几种方法？"

"我知道一种最常见的，就是直接描写主人公心里在想些什么。"潘高峰随口举例道，"我现在就在想，怎么还不放学啊？"

"我也听说过一种方法，是展开联想。"朱可戒朗诵起来，"假如我是一只小鸟，我会在蓝天上自由地翱翔……"

"老朱，你真会开玩笑！说实在的，你就算是鸟，也肯定是只肥鸟，飞都飞不起来！"杜子腾坏笑一

声，一本正经地说，"我还在一本书上见过一种做梦的描写方法。那天晚上，我梦见家乡河边的桃花都开了，奶奶就站在桃花林深处，笑靥如花……"

"我也说一种吧，就是内心独白法。"罗美萝动情地说，"亲爱的妈妈，我知道，与您的爱比起来，任何词语都是苍白的。不过，我还是想真诚地祝愿您，永远健康快乐！"

笨笨老师坐在同学们中间，面带微笑倾听着。像往常一样，他要等所有同学都说完了，再开口讲课。

精灵文摘

心理描写是表现人物性格与品质的常用方法，主要描写的是人物的心理状态、精神面貌和内心活动。读一读下面的选文，把心理描写的句子画出来，试着说说它们都运用了哪些心理描写的方法。

当下景阳冈上那只猛虎，被武松没顿饭之间，一顿拳脚，打得那大虫动掸不得，使得口里兀自气喘。武松放了手，来松树边寻那打折的棒橛，拿在手里，只怕大虫不死，把棒橛又打了一回。那大虫气都没了。武松再寻思道："我就地拖得这死大虫下冈子去。"就血泊里双手来提时，那里提得动，原来使尽了气力，手脚都疏软了，动掸不得。

武松再来青石上坐了半歇，寻思道："天色看看黑了，倘或又跳出一只大虫来时，我却怎地斗得他过？且挣扎下冈子去，明早却来理会。"就石头边寻了毡笠儿，转过乱树林边，一步步捱下冈子来。（施耐庵《水浒传》）

"这才是真正的有情人。"夜莺叹道，"以前我虽然不曾与他交流，但我却夜夜为他歌唱，夜夜将他的一切故事告诉星辰。如今我见着他了，他的头发黑如风信子花，嘴唇犹如他想要的玫瑰一样艳红，但是感情的折磨使他的脸色苍白如象牙，忧伤的痕迹也已悄悄爬上了他的眉梢。"（［英］王尔德《夜莺与玫瑰》，林徽因译）

咦！火柴燃起来了，冒出火光来了！当她把手覆在上面的时候，它便变成了一朵温暖、光明的火焰，像是一根小小的蜡烛。这是一道美丽的小光！

小姑娘觉得自己像是坐在一个铁火炉旁边一样：它有光亮的黄铜圆捏手和黄铜炉身，火烧得那么欢，那么暖，那么美！

唉，这是怎么一回事？当小姑娘刚刚伸出一双脚，打算暖一暖脚的时候，火焰就忽然熄灭了！火炉也不见了。她坐在那儿，手中只有烧过了的火柴。（［丹麦］安徒生《卖火柴的小女孩》，叶君健译）

警车拐了弯以后，乔壮着胆子回到了马路上。他像只逃出笼子的仓鼠，只是贴着墙边、绕着街角走。能不能去鲍勃家？不行，乔在心里说。在沉湎于认识劳伦的欣喜中时，他让他唯一的朋友伤了心。特雷芙太太虽然同情他，愿意听他诉说，但她瞄上的终究是他的钱。

　　拉吉呢？对，就去找他。他可以和那个紫屁股的报刊店店主一起生活。他可以在冰箱后面打个地铺。这样不仅安全，而且还可以一天到晚地读《螺母》杂志，饱餐稍微有点过期的糖果……

　　乔的大脑在飞转。不久，他的双腿也开始飞转。他穿过马路往左拐。拉吉的商店就在几个街区之外了。突然间，在他头顶的茫茫夜空中传来了一阵遥远的嗡嗡声。（［英］大卫·威廉姆斯《钱堆里的男孩》，徐匡译）

　　我最强烈的记忆不是一段记忆。它是我想象出来的，之后回忆起来就像真的发生过一样。记忆成形于我五岁时，就要满六岁前，源自我父亲讲的一个故事，他讲得那么详细，以至于我和哥哥姐姐们都各自演绎出自己的电影版本，其中充斥着枪林弹雨和喊叫声。我的版本里有蟋蟀。当我的家人在厨房里挤作一团，灯关着，躲避将房子包围的联邦调查局人员时，那就是我听到的声音。一个女人伸手去够一杯水，月光映照出她的轮廓。一声枪响，像鞭子抽打的声音，她倒下了。在我的记忆中，倒下的总是母亲，她怀里还抱着一个婴儿。（［美］塔拉·韦斯特弗《你当像鸟飞往你的山》，任爱红译）

　　许三观走在人行道上，他心里充满了委屈，刚才年轻血头的话刺伤了他。他想着四十年来，今天是第一次，他的血卖不出去了。四十年来，每次家里遇上灾祸时，他都是靠卖血度过去的，以后他的血没人要了，家里再有灾祸怎么办？

　　许三观开始哭了，他敞开胸口的衣服走过去，让风呼呼地吹在他的脸上，让浑浊的眼泪涌出眼眶，沿着两侧的脸颊唰唰地流。他的脚在往前走，他的眼泪在往下流。他的头抬着，他的胸也挺着，他的腿迈出去时坚强有力，他的胳膊甩动时也是毫不迟疑，可他脸上充满了悲伤。他的泪水在他脸上纵横交错地流，就像雨水打在窗玻璃上，就像裂缝爬上快要破碎的碗，就像蓬勃生长出去的树枝，就像渠水流进了田地，就像街道布满了城镇，泪水在他脸上织成了一张网。（余华《许三观卖血记》）

第九章

空中的妖怪睡着了

表达真情实感

初夏的太阳越升越高，阳光照得大家昏昏欲睡。笨笨老师站起来，一边慢慢踱着步子，一边说："顾名思义，心理描写就是对人物的心理状态、精神面貌和内心活动进行的描写，是表现人物性格与品质的常用方法。"

同学们连连点头，有的同学还拿出笔记本，认真地记录起来，也有的继续昏昏欲睡。左小文坐在人群的一角，手里拽着风筝线，偷偷地朝天上望去。看得出来，扮演风筝的青芽精灵也觉得很无聊，闭着眼睛在空中荡来荡去。

"刚才大家举的例子都比较精彩，可以说每一个例子都代表一种心理描写的方法。"笨笨老师接着讲道，"第一种是直接描写法，也是最常见的心理描写方法。潘高峰刚才举的就是很好的例子。一个学生坐在教室里，抓耳挠腮地想：'怎么还不放学啊？我的肚子都快饿扁了！'让人读起来感觉非常自然，也十分亲切。"

潘高峰抱着双臂，嘻嘻一笑。

"第二种就是罗美萝说的内心独白法，运用抒情的笔法来揭示人物的内心世界。罗美萝通过深情的独白来表达对母亲的感恩，比较动人。第三种是梦境描绘法。如果能把梦境巧妙地描写出来，同样可以揭示人物的性格，升华文章的主题。杜子腾举的例子就是典型的梦境描写，在作文的结尾，他梦到家乡的桃花开了，奶奶站在桃花深处，笑靥如花。可以说，那是一个美不胜收、引人遐思的结尾。"

罗美萝乖乖地坐着，不动声色。她身旁的杜子腾却是一副得意扬扬的样子，像猴子一样不停地扭来扭去。

"朱可戒刚才举的例子，就是第四种方法，展开联想法。同学们都喜欢联想，有的同学幻想自己是孙悟空，有的同学假设自己是唐三藏，有的同学却认为自己更像猪八戒，每一种联想都是一种心理描写的方法……"

左小文眯着眼睛，摇头晃脑地坐在那里，随时都要昏睡过去。笨笨老师却越说越兴奋，他大手一挥，用更加洪亮的声音讲道："除此以外，还有很多别的方法。比如第五种，环境烘托法，就是通

过描写周围的景物，来烘托人物的心理。最好把视觉、嗅觉、触觉、听觉、味觉都充分调动起来，把人物的悲喜之情烘托出来。我来给同学们举一个例子吧。"

说着，笨笨老师清清喉咙，背诵道："我拿着那张不及格的试卷，低头走在路上。狂风在我耳边呼呼地吹着，听上去就像是无数人在放肆地嘲笑我；路边的垂柳在风中摆动着干枯的枝条，我仿佛看到愤怒的妈妈朝我挥舞的手臂；渐渐地，小雨飘洒起来，落在我的脸上，凉冰冰的，还有几滴流进我的嘴里，又咸又涩，不知道是雨水还是我的泪水……"

"太精彩了！老师，是您自己写的吗？"冯歌德问。

"当然是我自己写的。准确地说，是二十年前的我写的。"笨笨老师微笑着继续讲道，"还有第六种，动作表现法，就是通过描写人物富有鲜明个性的动作，来揭示人物的心理。冯歌德，你给大家举一个例子吧！"

"好的。"冯歌德稍作思索，大声说，"听到我们班球队获胜的消息，所有的同学都疯狂了。他们有的放声大笑，有的欢呼雀跃，有的高高举起双臂，还有的手挽着手唱起歌来……操场上变成一片欢乐的海洋。"

"不错，非常生动。好。大家课间休息一下。"笨笨老师赞赏地点点头，大家开始自由活动，左小文身边忽然传来一声刺耳的尖叫："哇！妖……妖怪！"

左小文本来都已经睡着了，听到尖叫声，猛地惊醒过来，循声望去。只见一个小男孩躺在旁边的草坪上，双手紧紧抓着青芽精灵，满脸都是惊恐的神色。

"咦，糟糕！"左小文一跃而起，冲过去说，"你拿我的风筝干什么？"

"你……你的风筝是妖怪！"那个小男孩显然被吓坏了，"我……我刚才在草地上玩呢，它突然落到我头上，还伸手抓我的脸！你瞧，我的脸都被它抓出一道血痕！"

左小文倒吸一口凉气，急忙朝青芽精灵看去。

青芽精灵显然知道自己惹祸了，

只能瞪着眼睛继续扮演一只风筝。左小

文明白了，它刚才肯定是听老师讲课，听得睡着了，

不小心从空中掉了下来。

　　"哼！你小子骗谁呢？"左小文伸手夺过青芽

精灵，硬着头皮说，"它明明是我花大价钱买来的

一只充气风筝，怎么可能是妖怪？你是不是动画片

看多了？"

　　"我没骗你，它真的是妖怪！"小男孩有些生气。

　　冯歌德凑过来，帮腔道："小朋友，风筝是不可能抓人的。我想你是出现幻觉了。"

左小文连忙点点头："没错，你看到的肯定是幻觉！小朋友，你平时有没有出现过幻觉或幻听的症状？或者说，你的智力正常吗？"

小男孩一脸高傲地说："我的智商非常高，连爱因斯坦都比不上我！"

"是吗？那我就考考你。"左小文灵机一动，伸出一根手指说，"请问，这是几？"

"你以为我还是三岁小孩子吗？我今年都满六岁了！"小男孩感到非常愤怒，不过还是老老实实地说，"一！"

左小文伸出两根手指："这是几？"小男孩不耐烦地回答："二！"

左小文微微一笑，接着伸出三根手指："一加一等于几？"小男孩脱口而出："三！"

围观的同学哈哈大笑，左小文满意地挑挑眉毛，拍拍小男孩的头说："一加一等于三？小朋友，你还敢说你的智商比爱因斯坦高吗？"

小男孩急坏了，梗着脖子说："我……我刚才说错了，不算！"

"好吧，我就再考你一次。"左小文慢悠悠地说，"请问，比一大的数有没有？"小男孩显然慎重多了，歪着头，小心翼翼地回答："有。"

"比十大的数有没有？""有。"

"比百大的数有没有？""有。"

"比千大的数有没有？""有。"

"比万大的数有没有？""有。"

"比十万大的数有没有？""有。"

就在围观的人们感到有些无聊的时候，左小文突然改口："比你更笨的人有没有？"小男孩早有准备，立刻警觉地回答："没有！"说完，他得意地看向左小文。

一刹那，人们再次哈哈大笑。小男孩猛地反应过来，脸顿时涨得通红。左小文坏笑一声："小朋友，你还有什么想说的吗？"

小男孩看上去都快哭了。左小文摸摸他的头，怪腔怪调地说："别难过，快点回家吧。以后少看动画片，你的智力就会慢慢提高了。"小男孩点点头，转身默默地走远了。

冯歌德凑到左小文的耳边说："那孩子肯定在心里嘀咕，今天真是活见鬼了！不过话说回来，你那样戏弄他，我总感觉有点过分……"

闹剧结束了，课间休息也结束了。笨笨老师重新把大家召集起来，补充道："总之，心理描写要注意三点。第一，心理描写必须符合人物的身份与个性。第二，心理描写要实事求是，不能乱写，最好写出细微的情感波澜和心理变化。第三，心理描写要和外貌描写、语言描写、行动描写结合起来，多种方法综合运用，才能产生良好的效果。"

不知不觉，午餐时间到了。宣布放学前，笨笨老师说："心理描写是与情感挂钩的。那么，请大家回去以后思考一个问题，怎样才能在作文中写出真情实感呢？"

当天晚上，左小文和冯歌德在戴星儿的家里碰头。青芽精灵看到紫月精灵，忽然冲过去抱着它痛哭起来，大家都感到有些莫名其妙。

两个精灵近在咫尺，心灵相通，紫月精灵于是

替对方解释道："今天老师讲到在作文中表达真情实感，青芽想到自己的父亲，就哭起来了。青芽，把你对父亲的思念写出来吧。"

青芽精灵哭着点点头，伸手弹弹头顶的嫩芽，空中便浮现出一段文字来：

我看见他戴着黑布小帽，穿着黑布大马褂、深青布棉袍，蹒跚地走到铁道边，慢慢探身下去，尚不大难，可是他要爬上那边月台就不容易了。他用两手攀着上面，两脚再向上缩，肥胖的身子向左微倾，显出努力的样子。看着他的背影，我的泪很快流下来了……

"拜托！"三个人齐声大叫道，"你写的是你的父亲吗？那分明是朱自清的父亲！你居然抄袭朱自清的《背影》！"

精灵文摘

　　写作文必须表达真情实感，真情堪称一篇文章的灵魂。读一读下面的选文，感受这些真情流露的瞬间，你能体会到作者所表达的感情吗？

　　慈母手中线，游子身上衣。
临行密密缝，意恐迟迟归。
谁言寸草心，报得三春晖。
（孟郊《游子吟》）

　　十年生死两茫茫，不思量，自难忘。
　　千里孤坟，无处话凄凉。纵使相逢应不识，尘满面，鬓如霜。
　　夜来幽梦忽还乡，小轩窗，正梳妆。
　　相顾无言，惟有泪千行。料得年年肠断处，明月夜，短松冈。
（苏轼《江城子·乙卯正月二十日夜记梦》）

　　太子及宾客知其事者，皆白衣冠以送之。至易水上，既祖，取道。高渐离击筑，荆轲和而歌，为变徵之声，士皆垂泪涕泣。又前而为歌曰："风萧萧兮易水寒，壮士一去兮不复还！"复为慷慨羽声，士皆瞋目，发尽上指冠。

于是荆轲遂就车而去，终已不顾。
（刘向《战国策》）

　　释义：
　　燕国太子丹和那些知情的宾客，都穿着白衣戴着白帽为他送行。来到易水边，祭过路神，就要上路了。高渐离敲着筑，荆轲和着节拍唱歌，发出悲凉的声音，所有的宾客都流着眼泪低声哭泣。荆轲又走上前唱道："风萧萧兮易水寒，壮士一去兮不复还！"又发出激愤之声，宾客们都睁大眼睛，头发向上竖起顶住了帽子。于是荆轲上车而去，自始至终都没有回头。

　　我记得很小的时候，有一次父亲去凤山开会，开完会到市场吃了一碗肉羹，觉得是很少吃到的美味，他马上想到我们，就去买了一个新锅，然后买了一大锅肉羹带回家。当时交通不发达，

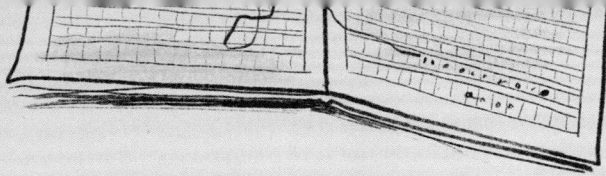

车子颠簸得厉害，回到家时肉羹已冷，且溢出了许多，我们吃的时候已经没有父亲形容的那种美味。可我当时心血沸腾，特别感到那肉羹是人生难得，因为里面有父亲的爱。（林清玄《期待父亲的笑》）

抗日战争时，村庄附近，敌人安上了炮楼。一年春天，我从远处回来，不敢到家里去，绕到村边的场院小屋里。母亲听说了，高兴得不知给孩子什么好。家里有棵月季，父亲养了一春天，刚开了一朵大花，她折下就给我送去了。

父亲很心痛，母亲笑着说："我说为什么这朵花早也不开晚也不开，今天忽然开了呢，因为我的儿子回来，它要先给我报个信儿！"

一九五六年，我在天津，得了大病，要到外地去疗养。那时母亲已经八十多岁，当我走出屋来，她站在廊子里，对我说："别人病了往家里走，你怎么病了往外走呢！"

这是我同母亲的永诀。我在外养病期间，母亲去世了，享年八十四岁。（孙犁《母亲的记忆》）

桑桑的母亲明白纸月的心意，心一热，眼角上就滚下泪珠来。她把纸月轻轻拢到怀里。桑桑的母亲最喜欢的女孩儿，就是纸月。

纸月走了。但走出门时，她转过头来，又深情地看了一眼桑桑的母亲，并朝桑桑的母亲摇了摇手，然后才离去。

从外面回来的桑桑，在路上遇见了纸月。

桑桑永远改不了害羞的毛病。他低着头站在那儿。

纸月却一直看着桑桑。

当桑桑终于抬起头来时，他看到纸月不知为什么两眼汪满了泪水。

纸月走了。（曹文轩《草房子》）

每逢放假的时候，我们就更不愿离开她。我还记得，放假前我默默地站在她的身边，看她收拾东西的情景。蔡老师！我不知道你当时是不是察觉，一个孩子站在那里，对你是多么地依恋！至于暑假，对于一个喜欢他的老师的孩子来说，又是多么漫长！记得在一个夏季的夜里，席子铺在当屋，旁边燃着蚊香，我睡熟了。不知道睡了多久，也不知道是夜里的什么时候，我忽然爬起来，迷迷糊糊地往外就走。母亲喊住我："你要去干什么？"

"找蔡老师……"我模模糊糊地回答。

"不是放暑假了么？"

哦，我才醒了。看看那块席子，我已经走出六七尺远。母亲把我拉回来，劝说了一会儿，我才睡熟了。我是多么想念我的蔡老师啊！（魏巍《我的老师》）

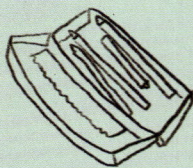

第十章

拜访朱自清和莫泊桑

学会观察事物

紫月精灵一边安慰哭泣的青芽精灵，一边向大家解释："其实，青芽曾经拜访过散文家朱自清。甚至，朱自清写的那篇《背影》都和青芽有很大的关系。"

　　左小文和戴星儿面面相觑，冯歌德凑过来问："难道青芽精灵是朱自清的后代？"

　　"当然不是。"紫月精灵望着窗外说，"我想你们应该听青芽讲过，我们精灵王国是一个精通作文技巧的文学国度。作文技巧并不是天生就会的，是在写作的过程中摸索出来的。所以，每隔一段时间，精灵王就会派我们去人间拜访那些伟大的作家，学习他们的写作经验。青芽拜访的第一位作家，就是

朱自清。"

戴星儿恍然大悟，忙不迭地问："小青，朱自清长什么样啊？是不是特别帅？"

青芽精灵擦干眼泪，抽抽噎噎地说："朱自清戴着一副圆框大眼镜，看上去挺斯文的。我还记得他的脾气非常好，说起话来总是不紧不慢的，让人感觉格外亲切。"

"我就喜欢温文尔雅的作家，何况他还戴着一副大眼镜，就更加讨人喜欢了！"戴星儿扶扶自己的眼镜，一脸陶醉地微笑。

"别扯那些没用的。"左小文有些不耐烦地说，"小青，我就想知道，你当时是怎么接近朱自清的？莫非你也骑着一头巨大的蓝鲸，突然出现在他面前？"

"我们精灵王国有专门的时光飞行器，只要坐上飞行器，我们就可以出现在历史上任何一位作家的身边。"青芽精灵右手抚着胸口，忧伤地说，"我还清楚地记得，我飞到朱自清家的那一天，寒风呼啸，人类世界一片冰冷。朱自清刚从北京回到徐州，他的眉头一直都没有舒展过，更没有发现我变成一只苍蝇，在他身旁飞来飞去……"

"你变什么不好，居然变成一只苍蝇，也不嫌脏！"紫月精灵嫌弃地扇扇鼻子。

青芽精灵耸耸肩说："那年冬天，朱自清的老家一直都是乱糟糟的。他的祖母去世了，弟弟要上大学，到处都需要钱，父亲只好把各种值钱的东西都卖了，最后家里只剩下满院的枯枝败叶，一派萧条的景象。那些日子，我每天都围着朱自清的父亲转悠。因为我从未见过自己的爸爸，渐渐地，我觉得朱自清的父亲仿佛就是我最亲的人，那种感觉真奇妙……"

冯歌德问："朱自清和他父亲在火车站道别的时候，你也在场吗？"

青芽精灵轻轻地点点头："父亲把朱自清送上车，转身去栅栏外面买橘子。说实在的，我看着他的背影，心中并没有什么特别的感觉，可是后来读到朱自清写的《背影》，我回想起那一幕，忽然忍不住放声大哭。就在读完的一瞬间，我明白了，父

66

爱尽管有时候是笨拙的，但它永远是伟大的。"

"听你一说，我都快要哭了……"戴星儿的眼圈已经红了。

"小青，把你从朱自清那里学到的写作经验讲给我们听听吧！"冯歌德急不可耐地说。

"朱自清是书写真情实感的大师，我从他那里学到的，也是与表达真情实感有关的。"青芽精灵缓缓讲道，"如果说文字是一篇文章的血肉，那么真情就是它的灵魂。要想表达出真情实感，必须注意四点。第一，尽量描写自己的亲身经历，不能胡编乱造，而且要有感而发，不能用虚情假意去糊弄别人。朱自清的散文写的往往都是真人真事，所以才能感人至深。"

"所以，我们要用心去感受生活，在生活中体会人间的真情大爱！"戴星儿挥着手说。

"光有真人真事真感情还不够，还要抓住重点。第二，我们要善于捕捉最感人的瞬间，把它如实记录下来。朱自清与父亲在一起很多天，每天都会发生一些令人感动的事，他单单把父亲买橘子的背影写下来,是因为那一幕最有代表性,也是最感人的。"

"各位,为什么我一点也不觉得他父亲买橘子的背影感人呢?"左小文小心翼翼地说,"我第一次读的时候,只觉得一个人费劲地爬上月台,那个背影有点搞笑……"

"那是因为你年纪还小,还不懂。"青芽精灵叹息一声,继续往下讲,"第三,要把感情写到位,必须注重积累。积累,分两个方面。一方面是积累感人的素材,那样能保证你创作的时候有事情可写。另一方面是积累精彩的词句,那样能保证你下笔的时候有足够的词汇量可用。朱自清就善于积累素材和词汇,所以他的文章才能写得文采斐然,引人入胜。"

左小文翻翻白眼:"就因为他写得文采斐然,我们才会被老师逼着不停地背诵……"

青芽精灵不理会左小文,接着说:"第四,细节描写是表达真情实感的利器。我们创作的时候,要抓住最感人的瞬间,用细腻生动的描写把它表现出来。比如朱自清写到父亲,就充分运用动作描写、语言描写和心理描写，把父子间的真挚情感表现得淋漓尽致。"

　　三个人不约而同地点着头。青芽精灵总结道："生活中从来都不缺少真情，只缺少发现真情的眼睛和感受真情的心。那么，就让我们饱含深情，去尽情感受身边的真情吧！"

　　"喂，小紫！"戴星儿从沉思中回过神来，转头问紫月精灵，"小青拜访的第一位作家是朱自清，那你拜访的第一位作家是谁呢？"

　　"我拜访的是一位法国作家，名叫莫泊桑，你

们应该都听说过吧？"

"当然听说过！"冯歌德大叫道，"莫泊桑是世界三大短篇小说巨匠之一，我特别喜欢他的《项链》和《我的叔叔于勒》。你快给我讲讲他的故事吧！"

"我见到莫泊桑的时候，他还只是一个热爱文学的年轻人。他舅舅有个同窗好友，就是法国文学大师福楼拜。莫泊桑常常去福楼拜家求教。福楼拜认为他有一定的写作才华，便同意做他的老师。"

左小文笑着说："看来，有个认识大作家的亲戚就是好啊！如果我家亲戚认识大作家莫言，我跑去拜他为师，说不定也能成为一代文豪呢！"

"此言差矣！"冯歌德反驳道，"莫泊桑能成为一代文豪，固然与福楼拜的指点分不开，但更关键的是，他是个甘于在创作上下苦功的人……"

"没错。"紫月精灵微笑着继续讲，"经过福楼拜的指点，莫泊桑发现自己写的文章仍然不够生动，不禁有些苦恼，福楼拜便建议他观察路上来来往往的马车，并记录下来。于是，莫泊桑每天站在大门口，从日出看到日落，结果越看越乏味……"

"门口的马车有什么好看的？"戴星儿撇撇嘴，"如果是我，我肯定会沿着街到处走，一边逛商店，一边四处观察，那样才有意思嘛。"

"莫泊桑显然和你有同样的想法。不过福楼拜说，你觉得乏味，只是因为你不懂观察。大门口车来车往，那些富人的马车和穷人的马车有没有区别？在烈日下，马车是怎样走的？马车爬坡时，马的姿势是什么样的？马车下坡时，车夫的表情是什么样的？如果你能把车夫和乘客的动作神态都记下来，并传神地表达出他们的内心世界，你的写作基础便打牢了。"

戴星儿恍然大悟，左小文却不以为然："说真的，听上去还是挺无聊的……"

"莫泊桑非常听话，在大门口全神贯注地观察马车，再认真地记录下来，他的描写功力果然大有长进。可是福楼拜仍然不满意，他说，观察只是第一步，要想更上一层楼，就必须写出人物与众不同的地方。比如观察一个守门人，你要把他最独特的地方写出来，让人读完首先想到的就是他，而不是

71

别的守门人……"

"后来，"冯歌德抢着说，"莫泊桑把老师的指点记在心里，日复一日地观察，勤勤恳恳地练习，终于领悟到写作的真谛，并最终成为短篇小说巨匠，名垂青史！"

"亲爱的紫月，"青芽精灵凑过来，"我好奇的是，你当时是变成什么接近莫泊桑的？"

"因为莫泊桑学习非常刻苦，经常不修边幅，衣服上总是沾满墨汁和纸屑，我就变成一片三叶草，偷偷挂在他的衣领上……"紫月精灵得意地说。

"变成三叶草多没意思，你还不如像我一样变成一只大苍蝇呢！"青芽精灵叫道。

"说起苍蝇，"左小文笑嘻嘻地说，"我忽然想到，大冬天的，朱自清居然都没发现有只苍蝇围着他不停地飞来飞去，可见他也不注意观察生活，哈哈！"

魔法练习册

观察是写作的基础。选一种生活中常见的小动物，可以是你养的宠物、池塘里的青蛙、树叶上的瓢虫，也可以是地上的小蚂蚁，请仔细观察它们，试着把你认为有趣或特别的细节写下来。

图书在版编目（CIP）数据

书包里的秘密：上、下 / 毛小懋著；三羊绘. ——
昆明：云南科技出版社，2020.9（2021.6重印）
　（作文精灵）
　ISBN 978-7-5587-3013-9

　Ⅰ．①书… Ⅱ．①毛… ②三… Ⅲ．①作文课－小学
－教学参考资料 Ⅳ．①G624.243

中国版本图书馆CIP数据核字(2020)第178968号

作文精灵
ZUOWEN JINGLING

书包里的秘密：上、下
SHUBAO LI DE MIMI：SHANG、XIA

毛小懋 著　三 羊 绘

出 品 人：	杨旭恒	
策　　划：	李 非　戴 勇　王丽雅　魏小杉	
责任编辑：	李凌雁　杨志能	
助理编辑：	杨梦月	
美术编辑：	辰 茜	
责任校对：	张舒园	
责任印制：	蒋丽芬	

书　　号：	ISBN 978-7-5587-3013-9	
印　　刷：	北京宝丰印刷有限公司	
开　　本：	787mm×1092mm　1/16	
印　　张：	11.25	
字　　数：	180千	
版　　次：	2020年9月第1版	
印　　次：	2021年6月第2次印刷	
定　　价：	55.00元（上、下册）	

出版发行：	云南出版集团公司　云南科技出版社
地　　址：	昆明市环城西路609号
电　　话：	0871-64190973

左小文和戴星儿遇到了两只精灵，在它们的影响下，两个人的作文水平突飞猛进。与此同时，精灵们在校园里惹出了不少麻烦……

著 者

毛小懋，儿童文学作家，儿童期刊执行主编。已出版《嘻哈别字岛》《时光男孩米小扬》《标点符号总动员》《最三国作文》等作品数十部，曾获桂冠童书奖。

绘 者

三羊，本名彭洋，英国爱丁堡艺术学院动画硕士。出版儿童绘本《兵马俑的秘密》《我走进了名画里》，版权输出到英国、新加坡、菲律宾；为《自控力童话》《辫子姐姐成长 123》《小诗词》等系列童书创作插图；出版绘本日记《宝贝，当你在妈妈肚子里》。

作文精灵

Composition Fairies

书包里的秘密〈上〉

- 著 毛小懋
- 绘 三 羊

云南出版集团 YNK 云南科技出版社

·昆明·

主要出场角色

左小文

　　七星镇小学有名的调皮鬼，聪明机灵，但学习成绩一般，态度也不够积极。在写作方面，更是让老师头疼。后来，在青芽精灵的帮助下，他逐渐开窍，最终爱上写作文。

戴星儿

　　左小文的同桌，时而文静内敛，时而活泼开朗。她的写作水平在班里属于中等，作文中常有奇思妙想。认识紫月精灵后，她的写作水平飞快提升。

冯歌德

　　左小文的死党，知识渊博，是班里写作水平较高的几名同学之一。他的宠物黑豆精灵，不但没给他帮上什么忙，反而惹了不少麻烦。

青芽精灵

　　左小文的宠物，骑鲸而来，古灵精怪，有时胆大包天，有时胆小如鼠。因为偷窥过精灵岛上的秘籍，它掌握了大量作文技法。它的缺点是好为人师，而且讲话唠叨。

紫月精灵

戴星儿的宠物，从天而降，冰雪聪明，关键时刻总能奋不顾身。它和青芽精灵带着无数写作绝招，逃出精灵岛，来到七星镇。它讲起作文技巧，同样唠唠叨叨。

黑豆精灵

青芽精灵的伙伴，忠诚而憨厚，但经常惹是生非。它一直守候在精灵岛上，并在青芽和紫月陷入绝境时挺身而出。

精灵王

精灵岛的统治者，冷酷暴虐，令人望而生畏。因为青芽和紫月公然叛逃，它率领四大护法出海追捕。

精灵隐士

精灵王的同门师兄，被精灵王夺走王位后，隐居在无影城中。它一直关注着精灵岛上的一举一动，只要听到精灵们的召唤，它就会在月光中现身相救。

笨笨老师

七星镇小学的语文老师，精通作文技巧，讲课风趣，深受学生们的喜爱。他自称"笨笨老师"，其实大智若愚。据说，他与精灵王有千丝万缕的联系……

目录

第一章

放学后的奇遇

你就是作文高手

作为七星镇小学有名的开心果，左小文几乎每天都兴高采烈的。

有一次上语文课，笨笨老师让大家造一个比喻句。左小文的邻桌冯歌德站起来，笑嘻嘻地说："左小文总是活蹦乱跳的，就像一条泥鳅。"

全班同学哈哈大笑，就连笨笨老师都笑出声来。左小文无奈地撇撇嘴，他不得不承认，冯歌德的比喻还是挺形象的。

不过，左小文的同桌似乎有不同看法。她叫戴星儿，上课的时候经常戴着一副大大的眼镜，两只大大的眼睛像夏夜的星辰一样闪闪发亮。

戴星儿扶扶眼镜，严肃地说："据我观察，左小文并非每天都活蹦乱跳。一个礼拜七天，他顶多只能活蹦乱跳六天半，因为礼拜五的下午要上作文课……"

事实确实如此，左小文天不怕地不怕，就怕礼拜五的作文课。糟

糕的是，今天偏偏就是礼拜五，让他头疼的作文课又来了。

就像此前的每一堂作文课一样，笨笨老师走进教室的第一件事，就是把一摞作文本丢到讲桌上，慢腾腾地说："谁没有交作文？站起来。"

同学们不约而同地转过头，望向左小文，每一双眼睛里都充满笑意。左小文早有准备，懒洋洋地站起来，一副死猪不怕开水烫的样子。

"老规矩，说说你不交作文的理由吧。"笨笨老师抱起双臂，"我就喜欢听你们的理由。因为你们只有在编造理由的时候，才能最大程度地发挥自己的想象力。"

"不好意思，老师，我实在编不出合适的理由来，让您失望了。"

"理由就像海绵里的水，只要你愿意挤，总会有的。"笨笨老师循循善诱，"比如上一个礼拜，薛鹰羽同学编造的理由是他家的手纸不够了，所以只好把作文本拆开用掉了；比如上上个礼拜，罗美萝同学编造的理由是她家亲戚的小孩来玩时，把她的作文本折成纸飞机丢掉了；再比如去年冬天，潘高峰同学编造的理由是他碰到外星人了，外星人非常喜欢他写的作文，所以把他的作业本拿走留作纪念了……"

"好吧。"左小文挠挠头，"老师，如果我说我整天都在思索人类的终极问题，对地球的未来忧心忡忡，所以根本没有心思写作文，您相信吗？"

"我当然不信。不过作为老师，我很欣赏你想问题的角度。"笨笨老师微微一笑，"言归正传，现在说说你不写作文的真正原因吧！"

"我……我刚才说的不就是吗？"

"左小文！"笨笨老师的脸说变就变，简直像六月的天一样夸张，刚才还是晴空万里，眨眼间就乌云密布，"我都已经不跟你开玩笑了，你还要跟我开玩笑吗？"

左小文尴尬地吐吐舌头："其实，我不写作文是因为我一个字也写不出来。只要面对着作文本，我的脑袋就像下过大雪的田野一样，变成一片空白，而且浑身冷飕飕的……"

笨笨老师挑挑眉毛："左小文，我不得不说，你真是一个奇葩。你名字的谐音是作文，你最愁的却是写作文。唉，你不但对不起我的谆谆教导，更对不起你的名字。"

左小文耸耸肩："没办法。如果有作文女神的话，我想我已经被她彻底抛弃了。"

"说实话，左小文，虽然你比较奇葩，但我必须承认，你有非常高的文学天赋，"笨笨老师一边说，一边伸手指着墙上的几张名人画像，"喏，就像我们每天一抬头就能见到的李白、高尔基、鲁迅……"

笨笨老师刚说完，全班就哄堂大笑。显然，同学们都知道笨笨老师说的是反话。左小文站在那里，同样笑得合不拢嘴："老师，我知道您是在开玩笑，不过我还是感到很高兴。"

"左小文，你觉得我是一个喜欢开玩笑的人吗？"笨笨老师摊摊手。

左小文还没回答，就听见全班同学异口同声地大叫："是！"

笨笨老师看上去非常无奈，他望着左小文，用一种十足认真的语气说："左小文，我说的每一个

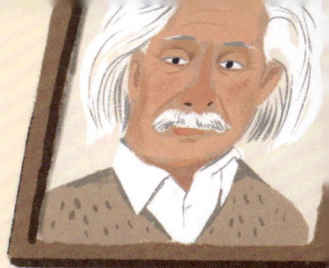

爱因斯坦

李白

字都是真的。你有文学天赋，可惜你一直都没有找到窍门。换句话说，你就像武侠小说里的张无忌，拥有深厚的九阳神功，却不懂运用。一旦你找到窍门，肯定能一飞冲天，成为万中无一的作文高手！"

左小文听得心中热血沸腾，忙不迭地追问："老师，窍门要去哪里找呢？您快教教我。"

"窍门就在你心里。要想开窍，只能靠自己去领悟，别人是不可能帮你的。"笨笨老师说完，迈步走上讲台，开始讲课。

　　整整一个下午，左小文都趴在桌上，歪头望着窗外，琢磨开窍的问题。窗外有一棵枝繁叶茂的大树，伸近窗台的一根枝条上，绽出了一枚绿油油的嫩芽。而在大树后面的天边，一弯新月若隐若现。

　　他琢磨来琢磨去，脑袋都琢磨麻了，也没琢磨出一点头绪。不知不觉，他迷迷糊糊地进入了梦乡……

　　"丁零零……"终于放学了，左小文背起沉甸甸的大书包，和冯歌德一起走出教室。虽然左小文的成绩并不是全班最好的，但他的书包绝对是全校最大的。里面装的东西简直五花八门：旱冰鞋、望远镜、游戏机、漫画杂志、溜溜球、魔方、变形金刚、可伸缩的钓鱼竿……甚至还有一个非常专业的潜水镜。当然，课本

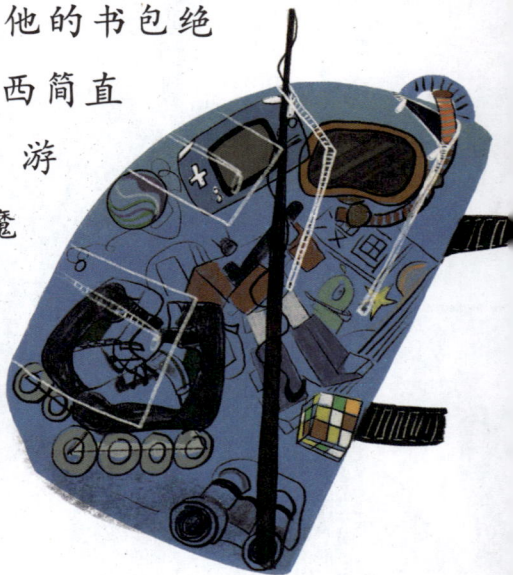

和作业本往往不见踪影。

随着川流不息的人潮，左小文和冯歌德跑出校门，沿着大路朝摘星潭走去。两个人早就商量好了，今天要去摘星潭钓大鱼。

摘星潭是七星镇上最大最深的一潭水，据说潭底有一条地下河，直接通向大海。最近，镇上的人们都在疯传，说摘星潭里游来一群大鱼，身上长满蓝幽幽的鳞片，在黑漆漆的潭水里闪闪发亮……

来到潭边，左小文从书包里掏出钓鱼竿，坐在一块大石头上，满心期待地钓起鱼来。

"歌德，笨笨老师说我有文学天赋，能成为作文高手，你说他是不是骗我？"左小文转过头来，低声问冯歌德。

"当然不是。难道你没发现吗？笨笨老师对你特别好。你经常不交作文，可他不仅不罚你，还常常跟你开玩笑。"冯歌德一边说，一边盯着水面上的鱼漂。

"我实在不明白，他为什么要对我那么好？"

"因为他有一双火眼金睛，能看透一个人的内心。你虽然不爱写作文，但你的思维独特，而且口头表达能力非常强，所以他相信你总有一天会开窍的……咦，快看，鱼漂动了！"

左小文大喜，抓住钓竿用力往上一提，居然没提起来。冯歌德连忙跑过去，抱住左小文的腰，帮他使劲，就像拔萝卜一样。突然，那根钓竿猛地一颤，一股巨大的力量排山倒海一般，差点儿把两个人拖到深潭里去。

"松手！"冯歌德大喝一声。

左小文急忙松开手，那根钓竿立刻被硬生生地拉进潭里，还在水中不停地摆来摆去。

"看到没有？我真的钓到大鱼了！"左小文兴奋不已，蹲下来打开书包，把那个潜水镜掏出来，熟练地戴到头上。

"你干什么？"冯歌德大叫，"你……你不会是想跳下去吧？"

左小文嘻嘻一笑，飞快地脱掉外衣，只留一条短裤，站在岸边深吸一口气。冯歌德刚要伸手去拉，只见左小文如同一条灵敏的飞鱼，朝潭中跃去。（危险动作，请勿模仿。）

七星镇上的男孩子们都爱玩，但左小文无疑是最爱玩的一个。不管是什么游戏，只要你能叫出名字，他就一定会玩。当然，在所有的技能里，左小文最拿手的还是游泳，他是从小在摘星潭中游大的，估计潭里的每一条鱼都认识他。所以，他跳进潭里不但不害怕，反而有一种莫名的兴奋。

　　左小文在深潭游动着，看见前边有一堵淡蓝色的墙。他顺着墙面往上游，很快就游到一个巨大的背鳍旁。左小文顿时明白了，他刚才钓到的确实是一条"大鱼"，而且是世界上最大的"鱼"。一头幼年蓝鲸！

　　就在此时，潭水剧烈地震荡，看来这头蓝鲸要跃出水面。左小文顾不上细想，急忙抱住蓝鲸的背鳍。透过潜水镜，他看见背鳍上长着一枚嫩绿的幼芽。

　　陡然间，蓝鲸冲出水面，向空中跃去。左小文惊叫一声，闭上眼睛，双手在背鳍上一阵乱抓，似乎把那枚嫩芽抓到手里了。

　　就在蓝鲸落回潭里的一瞬间，左小文感觉自己的身体忽然变轻了。很快，他就像一只气球，飘飘悠悠地降落到岸上，毫发无伤。

魔法练习册

你是不是作文高手呢？请你自由发挥，写一篇作文，并给自己打分。

第二章

百变
小精灵

作文的五种开头

站在岸上的冯歌德大惊失色，他盯着飘落下来的左小文，简直不敢相信自己的眼睛。

左小文终于回过神来，他转头看看摘星潭，那条巨大的蓝鲸已经游回潭里去了，水面一平如镜，仿佛什么都没有发生过。

冯歌德紧张地咽一下口水，突然叫道："天哪，快看你的手！"

左小文低头一看，他手里仍然紧紧抓着那枚嫩绿的幼芽。此时此刻，嫩芽似乎苏醒了，拼命挣扎着，想要钻出他的指缝。左小文急忙张开手掌，把嫩芽托在掌心里。

那枚嫩芽的身上散发着绿莹莹的光，看上去赏心悦目。它长长地伸一个懒腰，抖抖脑袋，只听一声轻响，嫩芽的根部钻出一个相貌有些古怪的小家伙。

"嗨！你们好，我是青芽精灵。"那个精灵越长越快，眨眼间就像仓鼠一样大了。它的耳朵尖尖的，眼睛大大的，浑身都是绿色，在它的头顶上，长着那枚小小的嫩芽。

　　"你好，我是左小文。"左小文是一个相信奇迹
的男孩，虽然感到有些惊讶，但他还是伸出一根手
指，和青芽精灵郑重其事地握握手。

　　"精……精灵？"冯歌德瞪大眼睛盯着青芽精
灵，"你是从哪部动画片里跑出来的？"

"动画片？你开什么玩笑！"青芽精灵耸耸肩，"我呢，来自精灵王国。"

　　"精灵王国？"冯歌德转头问左小文，"哪部动画片里有精灵王国？"

　　"拜托！我都说过了，我不是来自什么动画片！"青芽精灵哼哼鼻子，望着远方幽幽地说，"咳咳，话说在遥远的大海深处，有一个精灵王国。精灵王国里的每一个精灵，都精通一项神奇的作文技巧。可以说，我们每一个精灵都是作文精灵……"

　　"哇！你真的精通作文技巧吗？"左小文惊喜地问道，"那快给我露一手吧！"

　　"露一手？"青芽精灵把右手伸出来，"喏，我的手很漂亮吧？"

　　"我说的不是露手……"

　　"哦，不露手难道是露脚吗？"青芽精灵抬起腿来，把右脚踢到左小文的面前，"实在不好意思，我的脚丫子比较臭，你可以捂住鼻子。"

　　"我和你没法沟通。"左小文只能向冯歌德求救，"歌德，你来问吧。"

冯歌德抱起双臂，对青芽精灵说："左小文最头疼的就是写作文，因为他不会写开头。你既然是作文精灵，就快教教他写开头吧。"

青芽精灵用力挠挠后脑勺，若有所思地说："俗话说得好，良好的开端是成功的一半。对于一篇作文来说，开头是非常重要的。因为给读者留下第一印象的就是开头，第一印象的好坏，往往决定着一篇作文的优劣，甚至决定着老师打分的高低。"

左小文笑嘻嘻地问："你是在背课文吗？"

"你管得着吗？"青芽精灵撇撇嘴，继续讲道，"开头的方法有很多种，其中最常用的是五种。第一种是开门见山法。简单来说，就是直接进入主题，开宗明义，干净利落，不要拐弯抹角，更不要拖泥带水。"

冯歌德连连点头："说得非常好。你能举一个例子吗？"

青芽精灵立刻抬起右手，轻轻一碰头顶上的嫩芽。猛然间，嫩芽吐出一道绿光来，就像节日的烟花一样，在空中拼出一段文字：

清晨，我睁开惺忪的睡眼，推开窗户，发现外面的世界被雪花打扮得焕然一新。茫茫的白雪把汽车、房顶、树木遮盖得严严实实的，仿佛给大地披上了一层白纱。

　　左小文仰起头来，大声读完，忍不住称赞道："果然写得不错！"

　　青芽精灵在左小文的掌心里坐下来，慢悠悠地接着讲："第二种是采用倒叙法。倒叙就是根据表达的需要，把事件的结局或某个最重要、最突出的片段提到前边，再按照事情发展的先后顺序进行叙述。巧妙运用倒叙，可以把一个简单的故事讲得曲折生动。"

　　说完，它再次碰碰头顶的嫩芽，吐出一段文字来：

　　窗外的小雨依旧淅淅沥沥，我坐在窗前，出神地望着远方。再一次，我想起了那场飘泼大雨，想起了那条崎岖的山间小路，想起了那个戴着斗笠的老爷爷……

冯歌德嘿嘿一笑："我写作文就喜欢采用倒叙法。看到一件旧衣服,我就想起我爷爷;来到一个新环境,我就想起小时候生活过的地方;听到一首歌,收到一封信,甚至捡到一个破钱包,我都能想起一些人和事,百试不爽,哈哈!"

"不要打断我讲作文呀。第二种是倒叙法，第三种是提问开头法。顾名思义，就是以提问的方式来开头，给作文增添一点悬念，激发读者的阅读兴趣。"青芽精灵说完，碰碰嫩芽，半空中马上冒出第三段文字：

有的人见过喜悦之泪，有的人见过悲伤之泪，有的人见过悔恨之泪，也有的人见过忧愁之泪。但是，你见过包含多种情感的眼泪吗？

冯歌德转头问左小文："小文，你见过包含多种情感的眼泪吗？"

左小文咧着嘴说："我当然见过。上次咱们考语文，我因为熬夜看动画片，没有复习，所以考得特别差。当笨笨老师在讲台上说，全班只有我不及格的时候，我一下子哭了，那就是悔恨之泪。笨笨老师说完，忽然眉头一皱：'咦，我看错了，不及格的好像是杜子腾同学。'我破涕为笑，那就是喜

22

悦之泪。后来发试卷的时候，老师拿着我的卷子左看右看，猛地一拍大腿：'分数加得不对，原来左小文也没及格！'顿时，我流出悲伤之泪。接着，他补充道：'不及格的同学，把卷子抄五遍！'一刹那，我眼中的悲伤之泪就化成了忧愁之泪……"

冯歌德笑着接口道："放学回到家，你一直抄到半夜，才把卷子抄完了。结果第二天，你把作业本弄丢了！我还记得，当时你泪流满面，那肯定就是包含多种情感的眼泪！"

青芽精灵不满地叫道："喂！你们还听不听我讲？"

"听！当然听！"

"想听就别老插嘴！"青芽精灵瞪着两个人，继续往下讲，"第四种是景物描写法。显而易见，就是用描写景物的方式来开头。"它刚说完，嫩芽就吐出第四段文字来：

那天，春暖花开，阳光明媚，小鸟站在枝头上唱着动听的歌曲，蝴蝶和小蜜蜂围着花丛快乐地忙碌着。我踏着轻快的脚步，朝学校走去。

"哈哈，你的例句分明就是一首歌嘛！"左小文咧开大嘴唱起歌来，"太阳当空照，花儿对我笑，小鸟说早早早，你为什么背上小书包……"

"你给我住嘴！"青芽精灵咆哮一声，咬牙切齿地讲道，"第五种是点明中心法。在开头直接揭示文章所要表达的主旨，然后把握主旨，慢慢展开全文。"它伸手弹弹头顶的嫩芽，朝空中吐出第五段文字：

古人说："书中自有黄金屋，书中自有千钟粟。"我认为，书是知识的源泉，是开启智慧大门的金钥匙。读书的人读的不是书，而是人生。我喜欢读书，更爱品味书里的人生。下面，我就给大家讲讲我读书的故事。

左小文和冯歌德仰着头读完，不约而同地点起头来。冯歌德问："那么，我们在写开头的时候要注意什么呢？"

"在我看来，你们应该注意四点。"青芽精灵说，"第一，选择什么形式的开头，要根据作文的具体内容来确定，不能乱选。第二，开头要简短而精彩，不能像掉进下水道的蛇一样又臭又长，要像涅槃凤凰的翅膀一样色彩斑斓，引人入胜。第三，开头的最佳方式是自成一段。第四，必要的时候，可以把几种开头的方法结合起来使用，强强联合，效果会更好。"

"你说得太好了！"冯歌德喜不自胜，"现在我相信你是作文精灵了！"

"不过，我还是有点好奇。"左小文低下头来，望着手掌上的青芽精灵说，"你们的精灵王国在大海深处，为什么你却在我们的摘星潭里出现呢？而且还骑着一头可怕的蓝鲸！"

对一篇作文来说，开头至关重要。读一读这些中外文学名著经典开头。你能看出它们是哪种类型吗？

一天早晨，格里高尔·萨姆沙从不安的睡梦中醒来，发现自己躺在床上变成了一只巨大的甲虫。（［奥地利］卡夫卡《变形记》，李文俊译）

多年以后，面对行刑队，奥雷里亚诺·布恩迪亚上校将会回想起父亲带他去参观冰块的那个遥远的下午。那时的马孔多是一个二十户人家的村落，泥巴和芦苇盖成的屋子沿着河岸排开，湍急的河水清澈见底，河床里的卵石洁白光滑，宛如史前巨蛋。（［哥伦比亚］马尔克斯《百年孤独》，范晔译）

穿过县界长长的隧道，便是雪国。夜空下，一片白茫茫。火车在信号所前停了下来。（［日］川端康成《雪国》，叶渭渠、唐月梅译）

那是最美好的时代，那是最糟糕的时代；那是个睿智的年月，那是个蒙昧的年月；那是信心百倍的时期，那是疑虑重重的时期；那是阳光普照的季节，那是黑暗笼罩的季节；那是充满希望的春天，那是让人绝望的冬天；我们面前无所不有，我们面前一无所有；我们大家都在直升天堂，我们大家都在直下地狱。（［英］狄更斯《双城记》，宋兆霖译）

幸福的家庭家家相似，不幸的家庭各各不同。（［俄］托尔斯泰《安娜·卡列尼娜》，草婴译）

秋天的后半夜，月亮下去了，太阳还没有出，只剩下一片乌蓝的天；除了夜游的东西，什么都睡着。华老栓忽然坐起身，擦着火柴，点上遍身油腻的灯盏，茶馆的两间屋子里，便弥满了青白的光。（鲁迅《药》）

凡是有钱的单身汉，总想娶位太太，这已经成了一条举世公认的真理。这样的单身汉，每逢新搬到一个地方，四邻八舍虽然完全不了解他的性情，可是，既然这样的一条真理早已在人们心目中根深蒂固，因此人们总是把他看作自己某一个女儿理所应得的一笔财产。（[英]简·奥斯汀《傲慢与偏见》，王科一译）

他们走着，不停地走，一面唱着《永志不忘》。歌声休止的时候，人们的脚步、马蹄和微风仿佛接替着唱起这支哀悼的歌。（[苏联]鲍里斯·帕斯捷尔《日瓦戈医生》，张秉衡译）

我年纪还轻、阅历不深的时候，我父亲教导过我一句话，我至今还念念不忘。

"每逢你想要批评任何人的时候，"他对我说，"你就记住，这个世界上所有的人并不是个个都有过你拥有的那些优越条件。"（[美]菲茨杰拉德《了不起的盖茨比》，巫宁坤译）

尽管好几十万人聚居在一小块地方，竭力把土地糟蹋得面目全非，尽管他们肆意把石头砸进地里，不让花草树木生长，尽管他们除尽刚出土的小草，把煤炭和石油烧得烟雾腾腾，尽管他们滥伐树木，驱逐鸟兽，在城市里，春天毕竟还是春天。（[俄]托尔斯泰《复活》，草婴译）

家住女贞路4号的德思礼夫妇总是得意地说他们是非常规矩的人家。他们从来跟神秘古怪的事不沾边，因为他们根本不相信那些邪门歪道。（[英] J.K.罗琳《哈利·波特与魔法石》，苏农译）

第三章

逃出
精灵王国

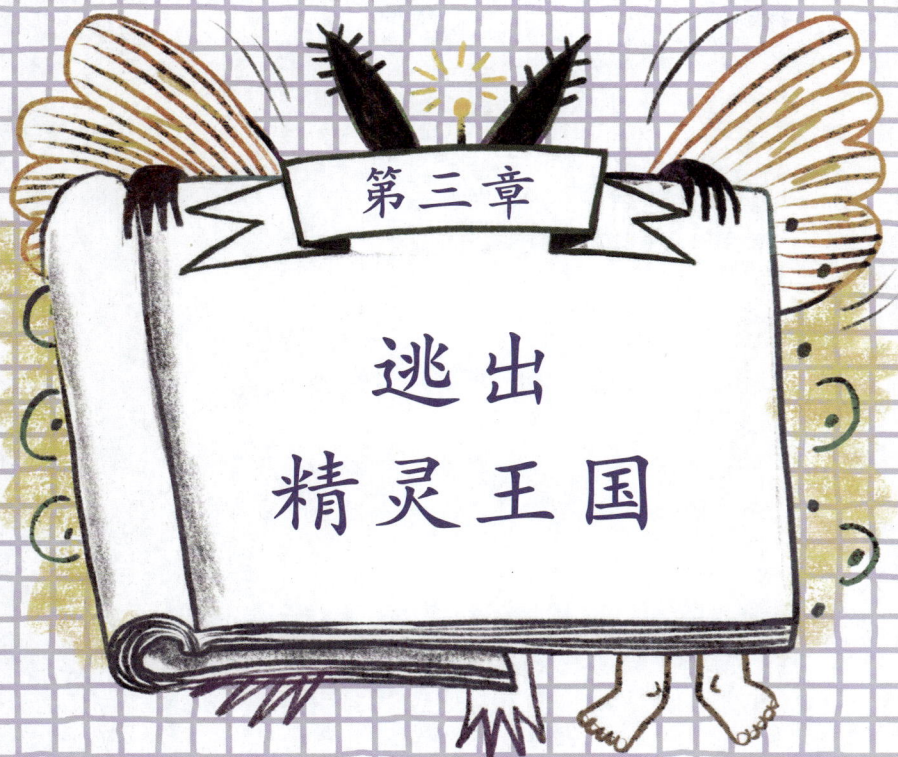

作文的四种结尾

青芽精灵站在左小文的手心里，仰头望着远方的夕阳，幽幽地说："唉，说来话长。"

　　左小文和冯歌德在岸边的草地上坐下来，充满期待地望着它："你就尽情讲吧，我们有的是时间！"

　　"我刚才说过，在我们精灵王国，每一个精灵都精通一项作文技巧。只有一个精灵例外，它不但能调遣任何一个精灵，而且精通所有的作文技巧。我想你们应该猜到了，它就是我们的精灵王。"青芽精灵说着，浑身微微一颤，脸上露出一丝惊恐，"不久前，精灵王把所有的作文技巧都记录在一本秘籍上，珍藏到岛中央的精灵古堡中。精灵古堡是禁地，本来我和我的好朋友紫月精灵是不可能进去的，但因为机缘巧合，我们俩在一个月黑风高的夜晚钻进古堡，找出那本秘籍，借着月光偷偷翻阅起来……"

"啧啧，听上去就像武侠小说里的故事。"冯歌德笑着说，"两个高手悄悄潜入藏经阁，盗取武功秘籍，结果一不小心被人发现了。"

　　"咦，你怎么知道的？"青芽精灵很惊讶，"我们俩躲在古堡的角落里，把秘籍摊开来，我看左页，紫月精灵看右页，把整本秘籍看掉一大半。天快亮的时候，我终于读到最精彩的地方，忍不住拍案叫绝。守在门口的卫兵听到响声，立刻冲进来四处察看，我们俩只能赶紧跳出窗外。没想到，紫月精灵把一条绣着月亮的手绢掉在古堡里了。精灵王大怒，把所有的卫兵集结起来，拿着那条手绢开始搜查全岛。我和紫月精灵当然不可能坐以待毙，于是迎着朝阳逃出精灵岛……"

　　"你们可真是两个笨贼！"左小文撇撇嘴，"那个紫月精灵现在在哪里？"

　　"当时很混乱，我们只能分头逃走。我在海里降伏一头蓝鲸，骑着它走水路，喏，一觉醒来就出现在你们面前了……"

　　"嘿！想不到你比李白还厉害！"冯歌德插话道。

　　"李白？你是说唐朝的那个大诗人吗？"青芽精灵问。

　　冯歌德点点头："相传，李白的坐骑就是鲸。他是一代诗仙，骑着鲸上青天，而你骑的是鲸类中最大的蓝鲸，可不比他厉害多了？"

　　左小文哈哈一笑："我相信，青芽精灵的写作水平也不比李白差多少！对了，紫月精灵也是骑蓝鲸逃走的吗？"

　　"不，紫月精灵走的是空路，速度应该比我更快一些。"青芽精灵说。

　　"走空路？难道它是坐飞机吗？"

　　"差不多吧。在出发前，我用岛上的榛树做成一把巨大的弹弓，然后用力扯开，把紫月精灵射向空中。我早就算准了，空中有一架飞机驶过，紫月精灵刚巧落在机翼上，往西北方飞去。唉，不知道它会降落在哪一个城市，只希望它能一路平安。"

"那么，你们俩打算怎么联系呢？"冯歌德问。

"只要紫月精灵出现在方圆十公里之内，我的水晶球就能感应到它。"青芽精灵说着，从兜里摸出一颗精致的水晶球，轻轻一碰，大声问，"紫月

紫月，我是青芽！你在哪里？"

冯歌德啧啧称奇："看来，你的水晶球就是一部现代化的对讲机！"

青芽精灵不再说话，专注地盯着水晶球，眉头紧锁。可它左等右等，水晶球都没什么变化。就在它长叹一口气，准备收起来的时候，只听"叮"的一声，水晶球突然亮了，一个紫色的精灵出现在里面。看上去，它和青芽精灵没有太大不同，只不过长在它头顶上的是一枚小小的弯月亮。

"哈！青芽？原来你就在我附近呀！"水晶球中的紫月精灵瞪大眼睛，兴奋地叫起来，"见到你真是太好了！"

"哇！原来你们的水晶球不是对讲机，而是一部视频电话！"冯歌德再次大叫起来。

青芽精灵不理会冯歌德，笑眯眯地对着水晶球说："亲爱的紫月，你在干什么呢？今天晚上要不要一起吃个饭？"

"可以呀！我在一个女生的家里。喏，她就在我身边。"紫月精灵说着，伸手指指坐在书桌旁的

一个女孩。她有一张圆圆的脸庞，戴着一副圆圆的大眼镜，十分懵懂可爱。

左小文和冯歌德凑过脑袋，盯着那个女孩，异口同声地大叫："戴星儿！"

水晶球里的女孩确实是左小文的同桌戴星儿。

她冲两个人招招手，咧嘴一笑，低下头去继续写作业。

青芽精灵忙问："紫月，你们是怎么认识的？"

紫月精灵似乎很委屈，扁着嘴说："还不都怪你？非要让我坐飞机，你不知道坐飞机有多冷，天上的大风差点儿把我吹成一根冰棍！再加上我昨晚没有睡好，飞着飞着，我忍不住打起瞌睡来，双手一松，就直挺挺地从飞机上掉下来了。"

"你可以变身嘛，变成一片枫叶，就不怕摔了。"

"哎呀，你怎么不早说呢？"紫月精灵瞪着眼睛埋怨道，"我当时吓得魂飞魄散，连自己叫什么都差点儿忘了，哪里还有心思变身？还好，那架飞机快要降落了，离地面很近，我就像一个被后羿射下来的太阳，屁股上冒着紫烟，一头扎进一棵枝繁叶茂的银杏树里去了……"

"好险啊！"青芽精灵拍拍胸口，长吐一口气，"后来呢？"

"我终于想起来，其实我会变身，于是我变成一颗银杏果，躺在几片银杏叶上，开始呼呼大睡。睡到傍晚，总算清醒了，我就轻轻一个翻身，从银杏树上掉下来，恰巧落进一个女孩的衣领里……咳咳，她就是戴星儿，我在七星镇认识的新朋友！"

"嘿，真是无巧不成书呀！"左小文问戴星儿，"对了，你为什么会出现在银杏树底下呢？"

戴星儿耸耸肩："我放学回到家，妈妈就让我出来打酱油。我一边构思作文一边出门，结果第一次忘了带钱，第二次忘了带酱油瓶，当我第三次从银杏树下经过的时候，就听'噗'的一声，紫月掉到我脖子里了……"

"哈哈哈，看来是天意！"左小文大笑起来。

冯歌德忽然说："青芽精灵，你刚才说，你们偷看秘籍的时候，你看左页，紫月精灵看右页，那么，你们掌握的作文技巧不一样对不对？"

青芽精灵点点头："你说对了！比如我精通的是作文的开头，紫月精通的是作文的结尾。喂，紫月，你来给他露一手吧！"

"露一手？"紫月精灵狐疑道，"你们看我的手干什么？"

"你简直比我还笨！我说的不是露手，也不是露脚，是让你讲讲怎样写作文的结尾。"

"作文的结尾？太简单了！一篇好的作文，不但要有引人入胜的开头，还要有耐人寻味的结尾。一个精彩的结尾会为作文锦上添花，让读者回味无穷。结尾的形式多种多样，比较常见的有四种。"紫月精灵大声说，"第一种是自然结尾法。顾名思义，就是让一篇作文自然而然地结束，故事戛然而止，干净利落。"

"你举一个例子吧。"青芽精灵提醒道。

紫月精灵伸手碰碰头顶上的弯月亮，一刹那，一道紫光从顶端喷射出来，穿破水晶球，盛放在半空中，很快就拼成一段文字：

夜深了，我躺在床上，很久都没有睡着。转头望着窗外的月亮，我仿佛看见，月宫中的嫦娥孤零零地守候在桂花树下……

"我不得不说，你们两个精灵的每一件法宝似乎都充满高科技色彩。"冯歌德笑道。

"什么高科技色彩？"水晶球里的紫月精灵问。

"比如，你们的水晶球就像现在最流行的视频电话，而你们头顶上的嫩芽和月亮，分明就是两台不用插电的投影仪嘛！"

"哼，你们的科技再厉害，能有我们的法宝厉害吗？"紫月精灵继续往下讲，"第二种是首尾呼应法。简言之，就是结尾的时候有意识地照应开头部分的词句，在内容上前后呼应，加深读者的印象。"

说完，紫月精灵的头顶吐出两行文字来：

（开头）爸爸，您总是无微不至地呵护着我。您给我的爱，我永远记在心里。

（结尾）亲爱的爸爸，我希望您能为我创造一片自由的天空。虽然您心中藏着对我无限的爱，但您不可能一辈子为我遮风挡雨，我终究要独自面对人生路上的种种艰辛。爸爸，我已经长大了，请您让我自由自在地高飞吧！

左小文仰着头读完，连连点头："说实在的，我也想要一片自由的天空，真希望爸爸能让我自由地踢足球、看动画片、玩电脑游戏……"

"第三种是抒情结尾法。就是在结尾部分抒发感情，引发读者的强烈共鸣。"紫月精灵刚说完，第三段文字就浮现在半空中：

大海，我的故乡！你用宽广的胸怀，

包容着世间的风风雨雨和惊涛骇浪。你所
拥有的，不仅仅是浩瀚无垠，更是一种精
神，一种永恒的生命力。大海，我要为你
放声歌唱！

冯歌德读着读着，忍不住哼唱起来："大海啊
大海，是我生活的地方，海风吹，海浪涌，随我漂
流四方……"

紫月精灵清清喉咙，接着讲道："第四种是画
龙点睛法。写结尾的时候，用富有哲理的语句总结
全文，突出主旨，如同画龙点睛。"它抬手碰碰头
顶的弯月亮，吐出第四段文字：

品完茶，爸爸将茶里藏着的道理向我
娓娓道来。我放下茶杯，陷入沉思。是啊，
我们只有静下心来，才能品出茶中的苦尽
甘来，才能慢慢领悟人生的真谛。

精灵文摘

一个精彩的结尾会让作文锦上添花。朗读以下文学名著的经典结尾，结合名著原文，想一想它们属于哪种类型的结尾。

请仔细地看吧，请记住这个地方，因为将来你也许会到非洲的沙漠去旅行。假如你碰巧路过这里，我求求你，别走得太快，请在那颗星星下面停留片刻！假如有个孩子向你走来，假如他在笑，假如他有金色的卷发，假如他从不回答你的问题，你应该很容易猜出他是谁。到时请你帮帮忙！别让我如此悲伤：请赶紧写信给我，告诉我他回来了……（［法］圣－埃克苏佩里《小王子》，李继宏译）

到了冬天，那个圮坍了的白塔，又重新修好了。可是那个在月下唱歌，使翠翠在睡梦里为歌声把灵魂轻轻浮起的年轻人，还不曾回到茶峒来。

这个人也许永远不回来了，也许明天回来！（沈从文《边城》）

明天，我会想出一个办法把他弄回来。毕竟，明天又是另外的一天呢。（［美］玛格丽特·米

切尔《飘》，戴侃、李野光、庄绎传译）

自此以后，又长久没有看见孔乙己。到了年关，掌柜取下粉板说："孔乙己还欠十九个钱呢！"到第二年的端午，又说："孔乙己还欠十九个钱呢！"到中秋可是没有说，再到年关也没有看见他。

我到现在终于没有见——大约孔乙己的确死了。（鲁迅《孔乙己》）

我知道黄昏正在转瞬即逝，黑夜从天而降了。我看到广阔的土地袒露着结实的胸膛，那是召唤的姿态，就像女人召唤着她们的儿女，土地召唤着黑夜来临。（余华《活着》）

说来好笑。你千万别跟任何人谈任何事情。你只要一谈起，就会想念起每一个人来。（［美］J.D.塞林格《麦田里的守望者》，施咸荣译）

在大路另一头老人的窝棚里，他又睡着了。他依旧脸朝下躺着，孩子坐在他身边，守着他。老人正梦见狮子。（[美]海明威《老人与海》，吴劳译）

我追。一个成年人在一群尖叫的孩子中奔跑。但我不在乎。我追，风拂过我的脸庞，我唇上挂着一个像潘杰希尔峡谷那样大大的微笑。

我追。（[美]卡勒德·胡赛尼《追风筝的人》，李继宏译）

他悚然一惊，仿佛觉得有一扇看不见的门突然被打开了，阴冷的气流从另外一个世界吹进了他宁静的房间。他感觉到死亡，感觉到不朽的爱情，百感千愁一时涌上他心头，他隐约想起那个看不见的女人，她飘浮不定，然而热烈奔放，犹如远方传来的一阵乐声。（[奥地利]茨威格《一个陌生女人的来信》，陈宗琛译）

人生，您可看见，它从来不像人揣想的那么好，也不像那么坏。（[法]莫泊桑《一生》，李青崖译）

不等夜色完全降临，笼罩河川、山峰，最后将海岸遮掩，给大地带来安宁，星星就将渐渐隐没，向草原倾泻余晖。除了在孤独中悲惨地衰老下去，我相信，没有谁，没有谁会知道将会发生什么。（[美]杰克·凯鲁亚克《在路上》，文楚安译）

不久，你睡了，一觉醒来时，你将成为新世界的一部分。（[日]村上春树《海边的卡夫卡》，林少华译）

我想起有人写过这么一句话：隐藏一片树叶的最好的地点是树林。我退休之前在藏书有九十万册的国立图书馆任职，我知道门厅右边有一道弧形的梯级通向地下室，地下室里存放报纸和地图。我趁工作人员不注意的时候，把那本《沙之书》偷偷地放在一个阴暗的搁架上。我竭力不去记住搁架的哪一层，离门口有多远。

我觉得心里稍稍踏实一点了，以后我连图书馆所在的墨西哥街都不想去了。（[阿根廷]博尔赫斯《沙之书》，王永年译）

第四章

两个精灵的主人

描写人物的方法

左小文和冯歌德仰着头，认认真真地读完紫月精灵吐出的句子，心中豁然开朗。

"作文的结尾确实非常重要。"冯歌德说，"我自认为在写作方面还是有一定天赋的，可是笨笨老师常常说我写的结尾画蛇添足，实在让人难以理解。"

水晶球里的紫月精灵抱起双臂，慢悠悠地讲道："作文的结尾存在三种误区，第一种就是画蛇添足。本来整个故事已经讲完了，你偏要再加上一些无关紧要的词句，费力不讨好。换句话说，就是废话太多。"

左小文连连点头："没错，冯歌德写的作文满篇都是废话。"

"第二种误区与第一种恰恰相反，叫草率收兵。如果匆匆忙忙写下结尾，会让读者感觉你的故事没有讲完，不像是一篇完整的作文。"紫月精灵微微一笑，"通俗一点来讲，就是你太懒了，连废话都懒得写，只想着赶紧写完作文出去玩。"

"小文，它说的不就是你吗？"冯歌德碰碰左小文的肩膀。

"第三种误区是张冠李戴。如果你的结尾和主体内容不一致，作文就会离题万里，读者自然感到莫名其妙。就是说，你把作文写歪了，简直是驴唇不对马嘴。"

"戴星儿写的作文就常常驴唇不对马嘴，对不对？"左小文忍不住笑道。

"对！"青芽精灵突然凑过脸来。

"你是想说她的作文驴唇对马嘴吗？"左小文眼睛一瞪。

"不对！"青芽精灵改口道。

"难道你认为我说得不对吗？"左小文挑挑眉毛，坏笑一声。

"对……不对，哼，你爱对不对！"青芽精灵不再理他，低下头，看着水晶球里的紫月精灵说，"紫月，你有时间吗？我去找你玩吧！"

"好啊！你们快来吧，我和我家主人等着你们！"紫月精灵用力地挥挥手。她刚说完，水晶球里的光亮就像火焰一样渐渐熄灭了。

青芽精灵把水晶球收起来，笑嘻嘻地看着左小文说："主人，带我去见紫月精灵吧！"

"主……主人？"左小文张口结舌地问，"你是叫我吗？"

"当然！你是我这回遇到的第一个直立行走的生物，所以你就是我的主人。"青芽精灵一边大声说着，一边蜷缩起来，很快就变成一枚嫩芽形状的饰品，还拖着一根长长的绿色丝带。

"我的天哪！"冯歌德惊呼，"它居然变成一条项链……能不能借给我戴戴？"

"废话，当然不行！因为我才是它的主人。"左小文把嫩芽项链小心翼翼地戴在脖子上，低下头欣赏着，越看越喜欢。

"喂！它是咱俩一起抓住的，凭什么你一个人霸占它？"

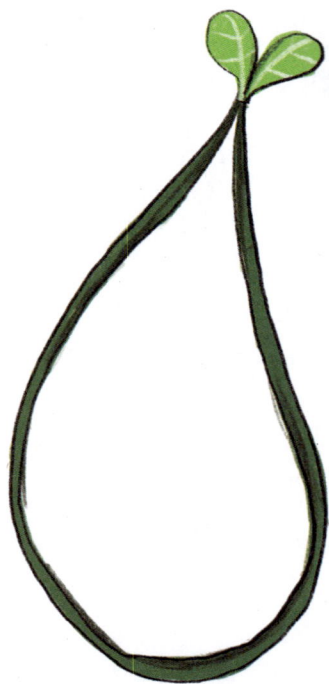

"冯歌德，你的脸皮真不是一般厚啊！明明是我跳进潭里把它救出来的，你从头到尾都站在岸上看热闹，居然还想抢我的功劳！"

"俗话说，见一面分一半……"

"拜托，如果把它劈成两半，它还活得成吗？"左小文伸手摸着嫩芽项链说，"况且，它刚才亲口叫我主人，难道你没听到吗？"

"我只听到它说，你是它遇到的第一个直立行走的生物。"冯歌德叫道，"大猩猩也能直立行走，如果它碰到的是大猩猩，也会叫主人的。看来，你在它眼中就像一只大猩猩……"

"哼，要你管？"

不知不觉，天快要黑了。左小文站起来，把嫩芽项链牢牢揣在胸口，快步向前走去。冯歌德低着头跟在后面，看上去有些郁闷。

戴星儿的家离摘星潭不太远，两个人很快就赶到了。走进大门，左小文刚要向戴星儿打招呼，忽然看见嫩芽项链猛地从他胸前弹起来，在半空中变回精灵的模样，向屋里冲去。与此同时，紫月精灵

如同一道迅捷的紫光，从屋里飞出来。两个精灵在门口撞到一块儿，亲热地拥抱起来。

"亲爱的青芽，你瘦了！"

"亲爱的紫月，你胖了！"

"唉，都怪我的主人，从我们相识到现在，她不停地喂我吃各式各样的零食，把苗条的我硬生生地吃成一个圆滚滚的胖子……"

"唉，都怪我的主人，从我们相识到现在，他连一口水都没有给我喂过，把圆滚滚的我硬生生地饿成一个苗条的瘦子……"

"喂！主人，你应该向青芽的主人学习一下，别再喂我了！"

"喂！主人，我想你肯定听到了，快买点零食给我吃吧！"

左小文擦擦汗，走进屋里，看见戴星儿仍然坐在桌前写作业，桌上堆着一堆零食。两个精灵对视一眼，跌跌撞撞地飞过来，一个坐在左小文的肩上，另一个坐在戴星儿的肩上。

冯歌德走进门来，左看看，右看看，忽然鼻子一酸，开始放声大哭。

"歌德，你哭什么？"左小文和戴星儿异口同声地问。

"呜呜呜……你们都有精灵，就我没有！"冯歌德的哭相简直要多难看有多难看。

左小文眼珠一转，笑道："我们干脆让青芽精灵和紫月精灵结婚吧，他们生下的孩子就可以当歌

德的精灵。嘻嘻，我连孩子的名字都想好了，就叫月芽精灵，很好听吧？"

青芽精灵垂下头去，害羞地说："我才不会给她生孩子呢。"

紫月精灵叉着腰，嗔怪道："你以为我稀罕吗？哼，我才没兴趣呢。"

三个人觉得十分惊奇："有没有搞错？难道在精灵王国都是男的生孩子吗？"

"是啊！"两个精灵齐声答道。

"太神奇了！"左小文惊叹不已。

大家聊着精灵王国里的各种怪事，一直聊到天完全黑了，仍然觉得意犹未尽。就在这时，戴星儿的妈妈走进门来，一边收拾房间，一边和他们谈天说地。

两个精灵不想被大人看到，于是分别躲起来。青芽精灵藏在左小文的衣领里，伸长脖子问紫月精灵："紫月，又到我们温习功课的时间了。让我来考考你，你还记得人物描写有哪些常用的方法吗？"

"当然记得。"紫月精灵不假思索地回答，"*描*

写人物的方法有很多，最常见的是四种。第一种方法是外貌描写，也称为肖像描写，顾名思义，就是对人物的容貌、姿态、服饰细致地进行描写。第二种是语言描写，就是通过描写个性化的语言来刻画人物的性格……"

"讲得不错。"青芽精灵低声说着，偷偷地观察戴星儿的妈妈。

"第三种方法是动作描写，也叫行动描写，很显然，就是描写人物的动作，尤其是那些能够表现人物性格的关键性动作。第四种是心理描写，不用说，就是在文中剖析人物的心理活动，挖掘人物的思想感情。"紫月精灵说完，补充一句，"在写作的时候，只有把以上四种描写方法结合起来，才能写出人物的神韵，给读者留下深刻的印象。"

青芽精灵连连点头，指着戴星儿的妈妈说："瞧，如果把那个阿姨的外貌、语言、动作和心理写下来，一定是一篇非常精彩的作文。"

戴星儿一直在偷听它们聊天，听到青芽精灵说起她的妈妈，不禁微微一笑，从书包里拿出一个作文本，摊开在桌上。两个精灵会意，立刻跳过去，踩在纸上读起来：

我的妈妈

我的妈妈今年三十多岁，体态匀称，皮肤白皙，大家都说她长得非常清秀。你看，她的瓜子脸上镶嵌着一双水灵灵的大眼睛，高高的鼻梁下有一张能说会道的嘴巴。她特别喜欢穿运动装，总是显得健康而充满活力。

妈妈比较唠叨。我每天早晨出门前，她就开始唠叨："路上注意安全，小心汽车！"放学回到家，她还在唠叨："赶紧写作业，别拖延时间！"我要睡觉的时候，她仍然不停地唠叨："早睡早起，不准躲在被窝里偷看漫画书！"说实在的，有时候我觉得她挺烦的。

不过我知道，妈妈是世界上最疼爱我的人。夏天，不管天多热，她都会钻进像蒸笼一样的厨房里，给我炒我最爱吃的回锅肉。冬天，不管天多冷，她都会骑着车出现在学校门口，笑眯眯地接我回家。只要靠着妈妈的背，就算风雪再大，我都会感到心中无比温暖。

　　亲爱的妈妈，谢谢您。谢谢您赐予我生命，谢谢您抚养我长大，更谢谢您教会我做人的道理。不管是现在还是未来，您都永远是我最亲最爱的妈妈！

魔法练习册

描写人物的常用方法主要有四种，分别是外貌描写、语言描写、行动描写、心理描写。选一位你身边最熟悉的人，试着对他（她）进行描写，看看你能用到哪些描写人物的方法。

第五章

书包里的贪吃鬼

外貌描写的技巧

紫月精灵读完戴星儿的作文，摇头晃脑地点评道："作文的第一段采用的是外貌描写，第二段采用的是语言描写，第三段是动作描写，描写的都是你的妈妈……"

青芽精灵抢着说："第四段是心理描写，描写的是你自己的心理！"

紫月精灵不高兴地瞪瞪眼睛，踮起脚尖对戴星儿说："看得出来，你已经初步掌握描写人物的四种方法，但还远远不够。我认为，你应该再下一些功夫，努力抓住每一种描写方法的精髓，那样才能写出人物的神韵……"

"咦？好奇怪的声音。"戴星儿的妈妈突然扭过头来，脸上布满疑惑。

两个精灵的反应就像闪电一样快，马上蜷缩起来，变作两件小巧玲珑的首饰。青芽精灵变成一条透着绿光的嫩芽项链，紫月精灵则变成一枚红得发紫的弯月戒指。左小文和戴星儿不约而同地伸出手去，分别把它们抓到掌心里。

"老妈，我们三个人在聊天呢。"戴星儿笑道，"哪有什么奇怪的声音？"

"不是你们的说话声。反正就是挺奇怪。"

"阿姨，您肯定是听错了。"左小文一边赔笑着，一边攥紧拳头。他能清晰地感觉到，青芽精灵正在他的手心里不安分地跃动着。

戴星儿的妈妈耸耸肩，端起盛满青菜的篮子，起身朝厨房走去。

三个孩子和两个精灵一直玩到了快七点，才依依不舍地互相道别。戴星儿的妈妈想留左小文和冯歌德吃晚饭，他俩却连连摆手，转身跑出门去。左小文把嫩芽项链戴在脖子上，踩着满地的月光一路狂奔，很快就到家了。

当天夜里，项链变回青芽精灵的模样，躺在左小文的枕边，摆出四仰八叉的姿势，呼呼大睡起来。左小文躺下来看着它，心中感到既有趣又甜蜜。恍惚间，他甚至觉得自己仿佛是一个年轻的父亲，正在凝视刚刚出生的宝贝儿子。

天亮了，左小文睁开眼睛，发现青芽精灵不见了。他爬起来，找遍整个卧室，也没找到青芽精灵的影子。就在左小文茫然失措的时候，忽然看见枕头有些异样，急忙用力掀开。

只见青芽精灵如同一摊绿油油的蒜泥，躺在那里直翻白眼。不用猜就知道，昨晚它肯定是被左小文的脑袋给压扁了。

"小青！小青，你不能死啊！"左小文把青芽精灵捧起来，痛哭流涕，"我真不是故意把你压成一摊泥的，请你一定要原谅我！我知道你死不瞑目，你放心吧，我一定会把你安葬在一个面朝大海的地方，每年都会去看望你，摘下星星送给你，拽下月亮送给你，让太阳每天为你升起……"

"喂，你说什么呢？"青芽精灵一跃而起，就像一只干瘪的气球，在空中被迅速吹胀，立刻满血复活，"你真的要带我去海边玩吗？"

左小文擦擦眼泪，瞠目结舌地看着它，刚要开口解释，忽然听见门外传来一阵脚步声。他心里一惊，想把青芽精灵藏起来，可是已经来不及了。

只听"吱嘎"一声，门被推开了。妈妈探进头来，大声说："小文，赶紧起来吃饭……咦，你手里拿的是什么东西？"

左小文暗叫糟糕，挠着头说："它是……是一只作文精灵。"

"我看你就是乱七八糟的动画片看多了，整天胡说八道！"妈妈训斥道，"傻子都看得出来，那是条水晶项链！谁给你的？"

左小文低头一看，青芽精灵果然变成嫩芽项链了。他长吐一口气，随口说："是戴星儿给我的。她爸爸从澳洲旅行回来，带给她一条项链和一枚戒指，她就把项链送给我了……"

"我跟你说多少遍了，别人给的东西不能随便收下，你怎么就不听呢？"妈妈无奈地摆摆手，"赶紧吃饭吧，菜都快凉了！"

就在妈妈转身而去的一瞬间，嫩芽项链从左小文的手里弹起来，重新变回精灵。左小文把它小心地放进书包里，朝餐厅走去。

坐在餐桌前，左小文拿起一只面包，刚咬一口，就看见青芽精灵从书包里伸出脑袋来，小声说："能让我尝尝吗？"

左小文把面包递给青芽精灵，只见它张开双臂，

牢牢抱住面包，躲进书包里狂啃起来。妈妈炒完最后一盘菜，端着走进餐厅，发现桌上的七个面包已经全被吃光了。

"小文，是你一个人吃光的？"妈妈不敢相信自己的眼睛。

"你说呢？"左小文一边打着饱嗝，一边笑道，"爸爸出海捕鱼了，咱家只有我和你，如果不是我一个人吃完的，难道家里还有鬼不成？"

"七个面包，你的肚子装得下吗？"

"唉，你以前不是老嫌我不爱吃饭吗？现在我终于爱吃饭了，你倒大惊小怪起来了。"左小文背起沉甸甸的书包，挥挥手说，"我上学去了，晚上见！"

走出家门，左小文四顾无人，拉开书包的拉链一看，不禁大吃一惊。只见青芽精灵已经撑得像皮球一样。它双手托着肚子，打出一个大大的饱嗝，心满意足地说："好饱啊！"

来到学校，同学们已经开始晨读了。戴星儿朝桌洞努努嘴，左小文点点头，把青芽精灵使劲塞进桌洞里。紫月精灵正在桌洞内偷吃零食，看到胖胖的青芽精灵，忍不住欢呼一声，扑过来和它拥抱在一起。

上课铃响了，笨笨老师走进教室，把讲义丢到讲桌上，开门见山地说："下个月学校将举办一次作文大赛，所以我们要连上一个星期的作文课，突击一下，请大家做好心理准备。今天，我就先讲讲外貌描写。大家知道，外貌描写就是对人物的外貌特征进行描写。通过描写外貌，可以揭示人物的性格特征，表达作者的思想感情。而外貌特征包含很多方面，比如面貌、身材、神态和穿着打扮。现在，我就读一段例文给大家听听。"

听说要连上一周的作文课，同学们有的喜出望外，有的愁眉苦脸。还有的面无表情，不知是高兴还是忧愁。

笨笨老师拿出一个本子，大声读起来："我的同桌长着一个脑袋、两只眼睛、一个鼻子和一张嘴，他的身材不胖不瘦，穿的衣服不新不旧，走起路来不快不慢……"

笨笨老师还没读完，同学们就不约而同地大笑起来。笨笨老师故意装出不懂的样子问："你们笑什么？"

冯歌德举手道："老师，您举的例子从头到尾都是废话，根本不知道写的是谁。"

"没错！"笨笨老师欣慰地点点头，"不同的人外貌是不一样的，同一个人在不同的时期或不同的环境里，外貌也会有比较大的变化。所以，我们在描写外貌的时候，要抓住人物的主要特征，把真正与众不同的地方写出来。记住，只有把主要特征写到位，才能准确表现出人物的性格和情感。如果写得千人一面，废话连篇，还不如不写。"

同学们纷纷低下头去，飞快地记录起来。

"我再读一段例文，供大家学习。"笨笨老师拿起另一个本子，朗声读道，"诚诚的两只大眼睛乌溜溜的，十分可爱。她一看见我，立马将高高的鼻梁拱起来，冲我扮个鬼脸，同时张大嘴巴，露出两排整齐而洁白的牙齿，笑盈盈地说：'生日快乐！'"

"真棒！"戴星儿说，"很显然，文中那个诚诚的主要特征就是大眼睛、高鼻梁、白牙齿，确实写得很到位。"

"我们在描写外貌的时候，还要注意安排好写作顺序。"笨笨老师接着说，"一般来说，应该先写整体，再写局部。描写局部的时候，最好依照从上到下的顺序。来，罗美萝，把你的作文给大家读一

下。”

女生罗美萝低着头走上讲台，接过自己的作文本，细声细气地读起来："欢欢身上的毛颜色不一，大多是黑黄相间的。它的两只眼睛又大又圆，总是炯炯有神地望着我；它的耳朵很大，有时会机警地竖起来，有时却耷拉着，每当它跳跃的时候，耳朵就会随之摆动；而它的鼻子向上翘着，捏上去湿湿的滑滑的，特别好玩……”

"你的描写非常精彩！"笨笨老师称赞道，"当然，我们在描写外貌的时候，还可以巧妙运用一些修辞手法，比如夸张、比喻、拟人，它们会让我们描写的对象更加鲜明生动。譬如，可以把小狗的眼睛比喻成两颗葡萄，把它的鼻子比喻成熟透的杨梅，对不对？”

罗美萝捧着作文本，信服地连连点头。

"好，我的课讲完了。"笨笨老师走下讲台，笑呵呵地说，"接下来，我们一起来玩一个好玩儿的游戏！”

精灵文摘

外貌描写是塑造人物的重要手段，可以揭示人物的性格特征。欣赏下面精彩的描写，看一看它们都运用了哪些外貌描写的技巧。

我吃了一吓，赶忙抬起头，却见一个凸颧骨，薄嘴唇，五十岁上下的女人站在我面前，两手搭在髀间，没有系裙，张着两脚，正像一个画图仪器里细脚伶仃的圆规。（鲁迅《故乡》）

（武松）身躯凛凛，相貌堂堂。一双眼光射寒星，两弯眉浑如刷漆。胸脯横阔，有万夫难敌之威风；语话轩昂，吐千丈凌云之志气。心雄胆大，似撼天狮子下云端；骨健筋强，如摇地貔貅临座上。如同天上降魔主，真是人间太岁神。（施耐庵《水浒传》）

从空旷的院坝北头，走过来一个瘦高个的年轻人。他胳膊窝里夹着一只碗，缩着脖子在泥地里蹒跚而行。小伙子脸色黄瘦，而且两颊有点塌陷，显得鼻子像希腊人一样又高又直。脸上看来才刚刚褪掉少年的稚气——显然，由于营养不良，还没有焕发出他这种年龄所特有的那种青春光彩。（路遥《平凡的世界》）

天刚透亮，能辨认东西，桑丘第一眼就看见了林中侍从的鼻子。那鼻子之大，衬得全身都小了。鼻梁是拱起的，鼻上全是疙瘩，颜色青紫，像茄子那样，鼻尖盖过嘴巴两三指宽。这样一个大鼻子，使他那张脸显得奇丑不堪。（［西班牙］塞万提斯《堂吉诃德》，杨绛译）

看她的侧脸，十分安详，简直什么也看不出来。她戴的帽子是椭圆形的，白帽带仿佛芦苇叶子，阳光灿烂，把脸照得特别清楚。长睫毛弯弯的，眼睛虽然睁开了朝前望，可是由于血在白净皮肤底下轻轻跳动的缘故，看上去睁得还不够痛快。有一点像是颧骨在拘着眼睛似的。一道玫瑰红照亮鼻孔之间的中隔。头朝一边歪，嘴唇当中露出皓白牙齿的珍珠似的尖梢。（［法］福楼拜《包法利夫人》，李健吾译）

她长得很高，有点驼背，被长年累月的劳动和丈夫的殴打折磨坏了的身体，活动时没有一点声响，走起路来稍稍侧着身子，好像总担心撞着什么东西似的。宽宽的、椭圆的脸上刻满了皱纹，还有点浮肿，黑色的双眼，像工人区大多数妇女一样，带着哀愁不安的神情。右眉上面有一道很深的伤痕，所以眉毛稍稍有点往上吊起，看上去好像右耳比左耳高一点，这使她的面孔具有一种似乎总在胆怯地谛听着什么的神态。在浓密的黑发里已经有了一绺绺白发。她整个人都显得悲哀和柔顺……（［苏联］高尔基《母亲》，夏衍译）

她头发的颜色像胡萝卜一样，两条梳得硬邦邦的小辫子直挺挺地竖着。她的鼻子长得就像一个小土豆，上边布满了雀斑。鼻子下边长着一张大嘴巴，牙齿整齐洁白。她的连衣裙也相当怪，那是皮皮自己缝的。原来想做成蓝色的，可是蓝布不够，皮皮不得不这儿缝一块红布，那儿缝一块红布。她的又细又长的腿上穿着一双长袜子，一只是棕色的，另一只是黑色的。她穿一双黑色的鞋，正好比她的脚大一倍。这双鞋还是她爸爸在非洲给她买的，当时考虑到她的脚还要长大，而皮皮一直穿到现在，别的鞋都不爱穿。（［瑞典］林格伦《长袜子皮皮》，李之义译）

快乐王子的塑像矗立在高高的圆柱上，俯瞰着城市。他浑身贴着纯金叶子，眼睛是两颗明亮的蓝宝石，一块巨大的红宝石镶在他的剑柄上，闪闪发光。

这塑像常常被人们称赞。"他就像一只风信鸡那样漂亮。"一位市议员这般评论，想赢得有艺术品位的美名。"只是他没有那么实用。"他补充道，因为害怕人们会以为他不切实际，其实并非如此。（［英］王尔德《快乐王子》，谈瀛洲译）

冬天，雪花像羽毛一样从天上落下来，一个王后坐在乌木框子窗边缝衣服。她一面缝衣，一面抬头看看雪，缝针就把指头戳破了，流出血来，有三滴血滴到雪上。鲜红的血衬着白雪，非常美丽，于是她想道："我希望有一个孩子，皮肤白里泛红，头发像这乌木框子一样黑。"不久她生了一个女孩儿，像雪那么白净，像血那么鲜红，头发像乌木那么黑，王后给她取了一个名字叫"白雪公主"。（［德］格林兄弟《白雪公主》，魏以新译）

图书在版编目（ＣＩＰ）数据

书包里的秘密：上、下 / 毛小懋著；三羊绘. ——
昆明：云南科技出版社，2020.9（2021.6重印）
（作文精灵）
ISBN 978-7-5587-3013-9

Ⅰ．①书… Ⅱ．①毛… ②三… Ⅲ．①作文课－小学
－教学参考资料 Ⅳ．①G624.243

中国版本图书馆CIP数据核字(2020)第178968号

作文精灵

ZUOWEN JINGLING

书包里的秘密：上、下

SHUBAO LI DE MIMI：SHANG、XIA

毛小懋 著　三 羊 绘

出 品 人：杨旭恒
策　 划：李 非　戴 勇　王丽雅　魏小杉
责任编辑：李凌雁　杨志能
助理编辑：杨梦月
美术编辑：辰 茜
责任校对：张舒园
责任印制：蒋丽芬

书　 号：ISBN 978-7-5587-3013-9
印　 刷：北京宝丰印刷有限公司
开　 本：787mm×1092mm　1/16
印　 张：11.25
字　 数：180千
版　 次：2020年9月第1版
印　 次：2021年6月第2次印刷
定　 价：55.00元（上、下册）

出版发行：云南出版集团公司　云南科技出版社
地　 址：昆明市环城西路609号
电　 话：0871-64190973

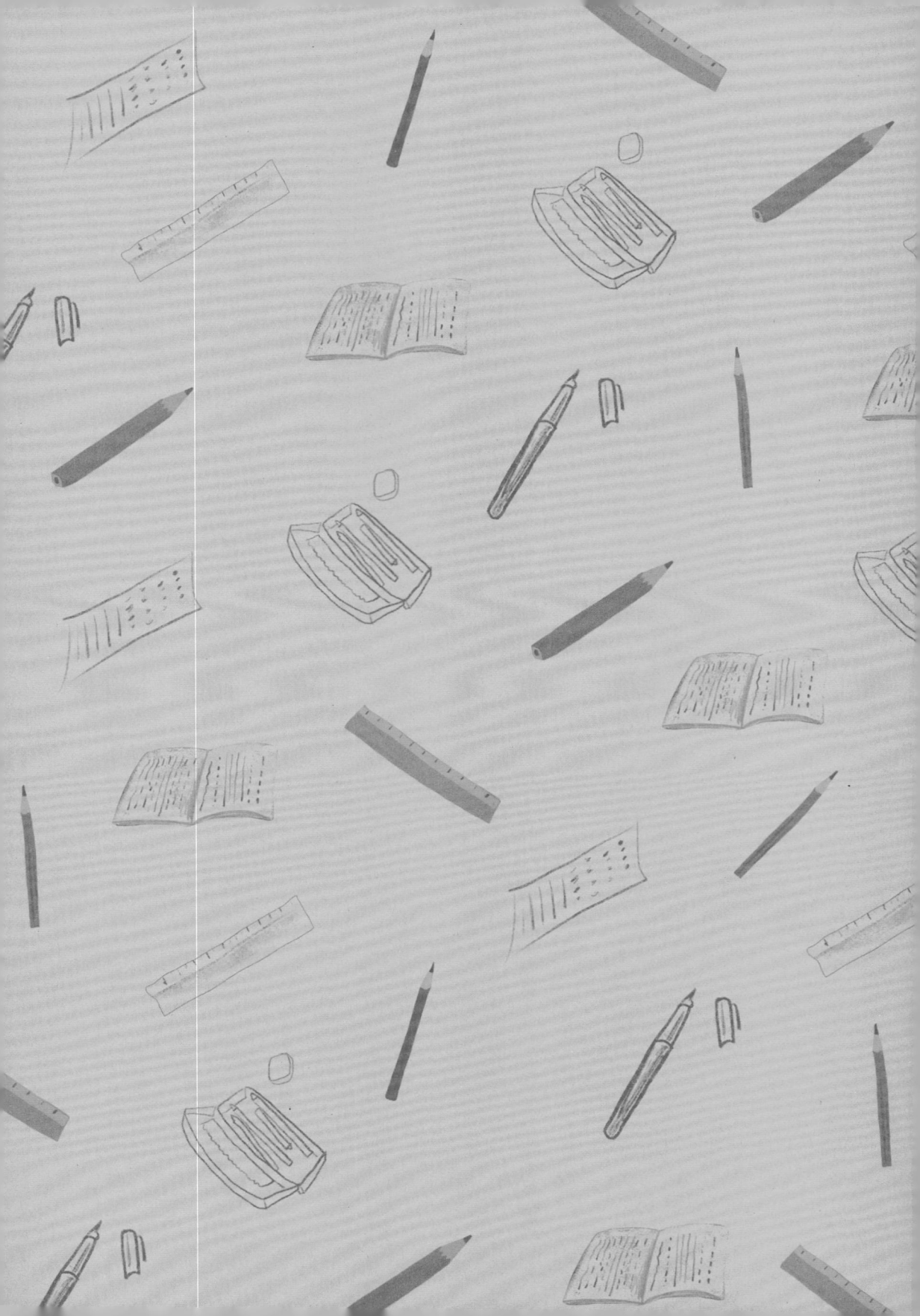

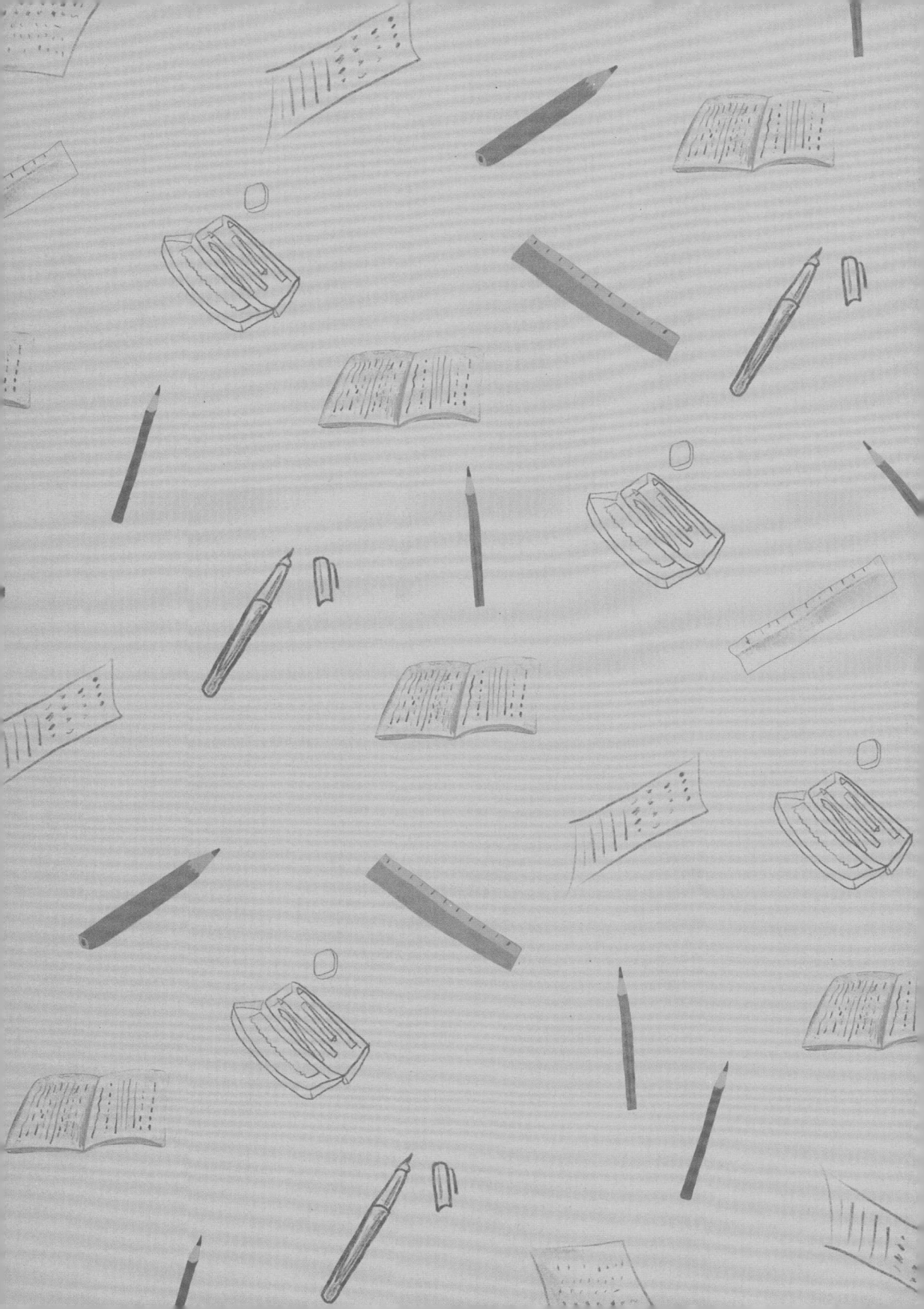